그 많은 목사의 아내들은
다 어디로 갔을까?

그 많은 목사의 아내들은 다 어디로 갔을까?

로다비 지음

한국문화사

프롤로그

나는 기독교계의 레이디 휘슬다운인가

전업 주부로,

목사의 아내로,

애들 엄마로,

내 이름을 잃고 살아왔다.

나는 사모이기에, 선뜻 목소리를 내면 안 되었다.

그러나 나는 나만의 이야기를 하고 싶었다.

어릴 적부터 나는 이야기꾼이었다.

선생님도, 할머니도, 친구들도 "다비 네가 이야기를 해주면 마치 영화를 보는 것 같아. 너무 생생하고 재미있어" 했었다.

시시콜콜 이야기를 끝없이 나눌 형제가 없었기에 나는 글 공책에게 내 마음속 이야기들을 들려주기 시작했다.

글은 나의 좋은 친구가 되어주었다.

책을 통해 세계를 보았고, 글에 내 마음속 깊은 이야기들을 담아왔다.

결혼 이후 글은 내게 더 좋은 친구가 되었다.

글은 언제나 신실하게 내 비밀을 지켜 주었으니까.

자정이 지난 깊은 밤의 라디오를 좋아한다. 한밤의 라디오 부스에는 특유의 따스함과 다정함이 있다. 그리고 세상의 수많은 글쓰기 플랫폼 중 브런치에 바로 그같은 감성이 있었다. 브런치 작가가 되고 하룻밤 만에 첫 브런치북을 완성했다. 글의 순서를 정하고 표지를 고르며 얼마나 설레고 행복했는지 모른다. 이야기들이 팝콘처럼 터져 나오고 있었다.

브런치 작가 심사를 받기 전, 아주 오래전부터 남편은 내게 글을 쓰라고 했다. 그리고 나를 아는 많은 분들이 '당신은 글을 써야 한다'고 말씀해 주셨다. 그때마다 난 대답했었다. 내게는 이야깃거리가 없다고.

남편은 그냥 너 자체를 글에 담으면 된다고 했다. [그 많은 목사의 아내들은 다 어디로 갔을까?] 시리즈를 연재하기로 기획을 하고 첫 발행버튼을 누르던 순간을 잊지 못한다. 호랑이 같던 선임사모님 K에게 "사모님, 글 잘 봤어. 내가 모를 줄 알았어?" 하는 카톡이 오는 악몽을 다 꾸고 그야말로 난리도 아니었다.

나는 내 속에 있던 이야기들을 투박하지만 진솔하게 글에 담아냈다. 뒤죽박죽이던 마음이 글을 쓰면 담담해졌다. 그리고 감사하게도 그 글을 통해, 나를 지지해 주시는 분들을 만났다. 그 인연과 만남들이 하나씩 이어져 이렇게 출간의 영광까지 얻게 되었다.

글을 쓰기 시작하면서 참 귀한 분들을 많이 만났다. 온 우주가 나를 도와주는 건가 싶을 정도로. 좋은 선생님을 만났고 반가운 동료를 만났으며 소중한 독자들을 얻었다. 아무것도 아닌 신인 작가에게 "작가님 쓰시고 싶은 대로, 분량에 구애받지 마시고 편안하게 쓰세요. 작가님의 글은 여러 사람에게 위안이 되는 기분 좋아지는 원고입니다." 해주시는 출판사를 만나는 것은 기적과 같은 일이라는 걸 안다.

현실의 삶에서 목소리를 닫고 살아야 하는 내게, 글은 세상을 만나는 소통의 창구가 되어주었다.

어디까지 말하고 어디서부터는 입을 닫아야 할까 고민이 된

다. 가십을 재생산하는 사람이 되진 않을까 두렵다. 매번 글을 쓸 때마다 진실을 말하고 싶으면서도 두려운 마음이 공존한다. 글이 유명해지고 많이 알려지고 싶으면서도 한편으론 아무도 몰랐으면 좋겠다.

난 사실 아무것도 아닌 사람이다. 사교계의 숨겨진 소식들을 전하는 레이디 휘슬다운처럼 말이다. 글 뒤에 숨어있는 진짜 나는, 레이디 휘슬다운의 진짜 정체 페넬로페 페더링턴처럼 샛노란색 드레스를 입고 모든 연회에 참석하지만 그 누구의 눈에도 띄지 않는 보잘것없는 사람일지 모른다. 아주 가까이에 언제나 있었지만 있으나 마나 한 사람이라는 점에서, 그녀와 나는 공통점이 있다. 그녀처럼 나도, 글 뒤에 숨어 내 솔직한 이야기를 털어놓는다.

내가 쓰는 글들이 덕이 되는가를 늘 생각한다. 저잣거리에 뿌려진 휘슬다운의 소식지처럼 이 세상 어디에 굴러다니며 소비되고 말 글이 되지는 않을지 고민한다. 나는 이 글들에서, 그 누구의 이야기도, 어떤 종교인의 이야기도 아닌 나의 이야기를 담고 싶었다. 나의 우당탕탕 성장기를 그려내고 싶었다. 그리고 나 같은 또 누군가를 만나고 싶었다. 누군가 나처럼 부족하고 준비 안 된 사람이 있다면, 아아 너도 그래? 나도야... 하며 공감하고 쉬어가길 바랐다.

도와줄 사람 없이 무연고지에서 홀로 육아를 하면서 외로웠고, 힘들었다. 그때 육아 일상 웹툰을 보며 얼마나 웃고 울었는지 모른다. 나와 비슷한 상황을 겪는 사람의 이야기를 읽으니 묘하게 덜 외로워졌다.

목사의 아내가 되어서 무슨 이런 글을 쓰느냐 하실지 모른다. 그래, 어쩌면 제 얼굴에 침 뱉기일지도 모른다.

나는 종교인이기 이전에 한 사람의 신앙인이고, 남편의 아내이기 이전에 평범한 여자였다. 교회에 몸담고 있지만 아직도 종종 교회에서 상처받고 외롭다.

애석하게도, 교회에는 문제가 많다. 그런데 예수님께서 직접 고른 수제자 열두 명들도 수시로 싸우고 문제가 많았다. 많은 약점과 연약함이 있지만, 그럼에도 불구하고 교회는 '그리스도의 몸'이라고 일컬은 바 된 예수님의 신부이다. 이를 위해서 십자가에 피 흘려 돌아가시기까지 사랑하셨다. 그래서 나도 교회를 사랑하려고 한다.

믿음이라는 게 대체 뭐란 말인가. 종종 고민하곤 한다.
내가 뭔가 대단한 핵심 진리를 깨달아서, 다 실천할 수 있는 능력이 있어서 글을 쓰는 게 아니다. 이 글들은 그냥 있는 그대로의, 솔직한 내 모습이자 고백이다. 앞으로도 얼마나 많은 날들에 나는 또 넘어지고 흔들릴지 짐작조차 할 수 없다. 북극을 향해 파르르 떠는 나침반처럼. 나는 좌절하고 또 일어나 글을 쓰겠지. 그리고 성장해 나갈 것이다.

나는 여전히 주님을 잘 따르고 싶고, 알고 싶고, 배우고 싶은 청년이다.
나는 언제나, 나일 것이다.
솔직한 나를 이 책에 담았다.

* 이 책에 사용된 일부 이미지는
인공지능(ChatGPT)의 도움을 받아 생성되었습니다.

차례

프롤로그 나는 기독교계의 레이디 휘슬다운인가_005

기름이 떨어지지 않는 집 ___019
» 시골 인심

음식에 담긴 성도님들의 마음 ___023
» 사람을 살리는 것

사모님, 너무 재미있지 않아요? ___032
» 뭐가요

남의 선녀옷 입은 여자 ___035
» 사모라는 자리는 대체 몇 년 차쯤 되면 적응이 될까요?

목사 아내의 조건 ___038
» 사랑만으로 살 수 없어

만능엔터테이너 우리 교구 사모님 ___041
» 슈퍼히어로의 출현

별별 사람이 다 모여있는 곳, 교회 _____ 046
» 주시면 그냥 잔말 말고 감사히 받아

너는 내가 대접받고 다니는 걸로 보이니 _____ 051
» 냉혹한 현실

예수님이 부끄러운 건 아닌데 _____ 058
» 그리스도인이라고 밝힐 용기

저 분은 자기가 설교하는 대로 살까? _____ 064
» 아무도 못 믿어

기도를 열심히 안 하니까 그런 일이 생기지 _____ 068
» 믿는 자에게는 인생의 역경과 고난이 일절 없으리니

애 낳을 때 남자는 기분만 냈지 뭘! _____ 079
» 아기 낳은 날마다 남편이 없었던 사연

잘되면 내 탓, 못되면 네 탓 _____ 083
» 부목사는 동네 북

애기가 더운지 추운지, 제가 한번 물어보고 올게요 _____ 087
» 끝없는 잔소리의 반복

비밀의 숲에서 만나 사랑을 했네 _____ 093
» 몸에 불이 붙을지 몰라, 조심해

나는 외톨이야 외톨이야 _____ 102
» 군중 속 외로움

이 동네 사람들은 누가 어디 사는지 다 알아? _____ 109
» 사택이에요 하니까 짜장면이 딸

○○이 아버님이 목사님이시라면서요? _____ 115
» 교회 밖 시선들

마음이 아니고 눈을 내려놓아야 돼 _____ 121
» 진정한 내려놓음과 비움

여기가 대체 누구 집이간이 난리냐고요 _____ 126
» 주인도 아닌 것들이 나서는 이야기

예배를 드리러 간건지, 모니터링 영상에 얼굴 찍히러 간건지 _____ 130
» 짠내 나고 신물 나는 예배생활

어른 둘이서 애 하나 못 봐요? 난 혼자서 애 둘을 보고 있는데! _____ 141
» 자모실의 성난 암탉

장례 중에는 고인을 충분히 추모하고 애도합시다 _____ 146
» 목사님이 돌아가시면 일어나는 일

만남이 있으면 헤어짐도 있다지만 _____ 150
» 매번 눈물이 납니다_ 그리운 사람들

살벌한 당회 _____ 155
» 목사에게 가장 필요한 능력은 당회 운용력일지도...

목사님이 사모님을 개떡같이 대하시면 _____ 159
» 감히 누가 우리 맏도리에게 함부로 구는가?

우리 목사님은 범 _____ 165
» 존경심과 권위는 주장한다고 세워지는 게 아니야

마음은 이렇게 쓰는 거야 _____ 172
» 닮고 싶은 선임 사모님

불의 전차, 기도의 정수 사모님 _____ 181
» 나만의 색깔

사모의 열등감 _____ 185
» 겉으로는 웃지요

로다비 사모님은 헤르미온느 _____ 190
» 나만 쓰고 다니는 투명망토가 있어

만날천날 부목사였으면 좋겠다 _____ 197
» 담임목사의 무게

코로나 덕분에 _____ 203
» 플로팅 크리스천

내가 남편을 남편이라 부르지 못하는 것은 _____ 210
» 집에서 잠옷바람으로 굴러다니는 사람을 깍듯이 존대하는 법

옛날엔 선풍기만 갖고도 살았어 _____ 214
» 난방에는 관대한데 냉방에는 인색한 사고

뭐든지 집으로 갖다드려유 _____ 219
» 요청한 적 없는 룸서비스

언제나 비가 새는 우리 집 _____ 227
» 쓰다 보니 더 신기하네, 물과의 인연

준비된 대기인력 1, 2, 3... _____ 234
» 하늘나라 상급 시스템

매번 간증이 있어야 하나요 _____ 242
» 고난 겪는 자를 바라보는 시선

야 또 초상났대 대박이다 진짜 _____ 249
» 다들 빨리빨리 나와서 배웅해 드려

똥맛 된장찌개와 심방의 상관관계 _____ 255
» 1만 시간을 채우면 일어나는 일

삐치는 권사님 _____ 264
» 오늘은 또 무슨 일로..?

그게 덕이 되잖아 _____ 270
» 달면 삼키고 쓰면 뱉는 자리

저는 만다꼬상이 좋아요 _____ 275
» 언제 만나도 반가운 나의 만다꼬

쉬라는데 열이 받네 _____ 280
» 당신은 내가 집에서 노는 줄 알지?

까져 보이면 안될게 _____ 288
» 안녕하세요, 평범한 여자 사람입니다

하나님의 일을 하다가 하나님과 멀어질 수 있다 _____ 293
» 은혜로운 반주자

공허한 두 눈동자를 들키지 않게 _____ 300
» 교회 가기 싫은 날

걸음이 느린 아이 _____ 305
» 떠돌이가 소속감을 찾는 법

역경을 거꾸로 읽으면 경력이 된다 _____ 312
» 인생은 해석하기 나름

에필로그　인생은 불꽃놀이_316

기름이 떨어지지 않는 집

시골 인심

✦ ✦ ✦

나는 15년 차 부목사 사모다.

모든 부목사가 그렇진 않지만, 우리 가정은 어쩌다 보니 서울, 충청도, 경상도, 전라도_ 다양한 지역에서 사역 경험이 있다. 서울에서 사역을 할 때는 그런 게 없었는데, 시골로 사역지를 옮기자 특이점이 생겼다. 시골이라 함은 서울이 아닌 곳을 통칭하는 서울촌놈식 세계관이 아니라, 진짜 시골을 뜻한다. 면 소재지 ○○리로 주소가 마무리되는 그런 시골.

시골의 사랑 표현은 참 달콤하고 향긋하다.

우리 집엔 항상 기름과 꿀이 넘쳐났다.
아아, 할머니 권사님들이 주시는 '참지름', '들지름'의 고소함~
소주병에다가도 주시고, 빨강 노랑 귀여운 뚜껑을 입은 방앗간

병에 받아 신문지에 싸서도 주시고.

  그것은 경험해보지 않고는 말할 수가 없는 영역이다. 푸른 대자연의 정기를 싹싹 모아서 엑기스로 추출해 낸 것 같달까. 요정들의 알로에를 모아 담은 듯했다. 깊은 풍미와 향이 있었다.

  권사님들이 짜다 주신 참기름을 넣으면 나물이 뚝딱 완성되었다. 들기름을 넣고 밥을 비비면 뜸이 조금 덜 든 밥이어도 맛있어서 꿀떡꿀떡 넘어갈 지경이었다. '고소하다'는 말로는 부족하고, '꼬소하다'라는 말로도 맞지 않는, 무언가가 있다.
  꿀도 여러 등급이 있다는 걸, 시골 사역을 하면서 알게 됐다. 그곳은 한우처럼 등급이 나뉘어 있는 세계였다. 맛도 한 가지가 아니었다. 달콤한 맛, 향긋한 맛, 쌉싸름한 맛…

  권사님들이 주신 꿀 덕분에 우리 아기들은 소아과가 멀었어도 간단한 감기 정도는 꿀물 타 먹고 나았다. 피곤하면 입병이 잘 나는 남편도, 서울에 살 때는 알보칠로 셀프 생고문을 하며 고생을 했는데 이제는 천연꿀을 입에 머금고서 달콤하게 입 빵꾸를 봉했다. 참 감사한 일이다. 나도 시골에 살게 되면서 비로소 만년 불면증이 고쳐졌다.

서울에서 나고 자란 우리 부부는 시골의 매력에 푹 빠졌고, 시골에서의 삶을 사랑하게 되었다. 서울에서는 상상하지 못할 시골 인심에, 처음엔 얼떨떨했지만 시간이 갈수록 감사함이 깊어졌다. 매번 기름병이나 꿀단지를 손에 쥘 때마다 '이걸 어쩜 이렇게 고이 짜주셨을까' 싶어 그 정성에 마음이 뭉클했다.

꿀과 기름뿐만 아니라, 제철마다 선물 같은 농작물도 함께 담아 주셨다. 봄에는 딸기와 두릅, 여름에는 감자와 옥수수, 가을에는 마늘과 꾸지뽕, 겨울에는 시금치와 도토리묵...

이모가 농사를 지으셔서 땅에서 무언가를 수확해 낸다는 게 얼마나 품이 많이 들고 고된 것인지 안다. 우리 주신다고 예쁘고 싱싱한 것 먼저 골라다 주시고 정작 본인은 못나고 벌레 먹은 것들 드시고 계실 것을 알기에, 그 귀한 것을 우리에게까지 잊지 않고 챙겨주신 마음이 너무나 감사해서 시들어지기 전에 어떻게든 레시피를 궁리해서 식탁 위에 올렸다.

제철에 갓 수확한 것들은 그만의 찰진 생기가 있어, 요리 실력이 좋지 않아도 감칠맛이 났다. 항상 감사히 먹겠다는 마음을 가지고 먹을 때마다 주신 성도님을 떠올리며 행복하게 먹었다. 사랑이란 이렇게 마음을 나누는 것, 더불어 살며 아끼고 보살피는 것임을 시골 사역을 통해 배웠다.

때마다 철마다 그렇게 권사님 집사님들이 까만 비닐봉지와 노란 종이봉투에 담아다 주신 먹거리들로 우리 가족은 행복했다. 성도님들의 사랑이 우리 식탁에, 우리 삶에 넘쳐났다.

#사랑은_내게 귀한 것을 내어주는 것

음식에 담긴 성도님들의 마음

사람을 살리는 것

✦ ✦ ✦

1

택배 상자가 도착했다.

받자마자 설레는 맘으로 열어보았다.

보내신 분을 꼭 닮아서 가지런하고 단정한 반찬통들이 배송 중에 혹시라도 새지 않도록 꼭꼭 싸여 있었다. 비닐을 벗기고 뚜껑을 여니, 눈과 코로 느껴지는 부여의 냄새. 내가 사랑하던 부여 음식.

큰 교회엔 수많은 목회자들이 거쳐갈 텐데도, 지나간 부목사에게 여전히 마음 써 주시고 사랑 주시는 고마운 분. 마음이 힘들고 울적할 땐 보고 싶어지는 분. 언제 찾아가도 늘 향긋한 차 한잔을 내어 주시던 분. 그 해사한 미소와 마주치면 나도 모르게 같이 빙긋이 따라 웃게 되던, 참 좋으신 분_ 본인이 직접 운영하시며 자리를 늘 지키셔야 하는 안경점도 있는데 어떻게 이렇게 시간과 정성을 내어 음식을 하시고, 택배도 부치셨는지…

 병원 가기 전에 맛있는 밥 먹고 힘내라며 건네주신 정성스러운 한 끼. 그 사랑이 그대로 전해졌다. 내 몸뿐 아니라 마음까지 따뜻해진 순간이었다. 다 나은 것만 같았다.
 이렇게 또 사랑을 받으며 하루를 채워간다.

2

 둘째를 임신했을 때, 우리 엄마는 많이 바쁘셨고 바빴던 만큼 피곤하다, 시간이 없다는 말씀을 많이 하셨다. 첫 손주 때처럼 해산 조리를 못해줄 것 같다고 계속 걱정을 하셨다. 일은 도우미 이모님께서 봐주실 테지만, 자기가 이상하게 몸이 너무 피곤해서 도저히 집에 누가 와 있는 것 자체가 힘이 든다고 말이다.

 그래서 임신해서 뭐가 먹고 싶은데 엄마한테 해 달라고 부탁하기가 입이 떨어지질 않았다. 엄마가 인천에서 서울을 가로질러 의정부 밑에 붙어 있는 우리 집에 갖다 줄 리도 만무하고, 내가 음식 하나 먹자고 친정까지 가는 것도 이상했다. 아니 무슨 먹는 거에 눈 뒤집힌 사람도 아니고, 그래야 되나 싶었달까. 그때는 차 마시러 30분을 넘게 가고 주말 오후 내내를 들여 드라이브 겸 밥 먹으러 어디를 가고 그러는 어른들의 행동이 전혀 이해가 되지 않았던 20대 끝자락이었다. 무슨 밥 한 끼 먹는데 서너 시간을 쓰냔 말이야. 허허…

그래도 먹고 싶은 음식이 솔솔이 생각나는 건 막을 수가 없었다. 시장 반찬가게를 기웃거려도 보고, 사람들이 많이 있는 식당 앞을 지나칠 때면 '맛있나? 나도 한 번 들어가 볼까?' 싶기도 했지만 '뭘, 굳이'하는 생각에 다시금 옥상 박스집으로 발걸음을 총총 돌리곤 했다.

그런데 내 마음을 어떻게 귀신같이 아신 한 분 권사님이 계셨다. "사모님~ 저는 친정엄마가 일찍 돌아가셔서 옛날에 임신했을 때 이런 게 먹고 싶었는데 못 먹었던 기억이 나네요. 사모님은 어떠세요, 이런 음식 좋아하실라나요?" 하시면서 자기 며느리보다 훨씬 어린 내게 꼬박꼬박 존댓말을 써 주시며 황송하게 대접해 주셨다.

그 권사님이 해주신 음식은 정말 집밥 그 자체였다. 엄마 사랑이 가득 담긴 그런 푸근한 밥상. 집도 정봉이네 집처럼 아늑한 느낌의 집이었다. 배에 다 담을 수가 없어서 남기고 온 반찬들이 집에 와서 두고두고 생각이 났다.

그때 느꼈던 포만감과 행복이 아직도 기억난다. 그날, 권사님 댁 식탁 앞에서의 기억은 언제나 따뜻함으로 남아 있다.

3

대학병원에서 수술하고 14일 만에 본수술보다 더 긴 재수술을 하게 되면서, 애당초 3박 4일 정도면 될 거라던 병원 생활이 언제 끝날지 아무도 장담할 수 없는 시기가 있었다. 이제 초등학교를 들어간 아이와 아직도 어린이집을 다니는 꼬마를 두고 온 나로서는 정말 속이 타는 노릇이었다. 아이들을 돌봐주시러 친정엄마가 와 계셨지만 엄마는 오직 당신 딸인 내 걱정에 밤낮 기도를 하셨다고 한다. (나중에 아이들이 외할머니가 얼마나 많이 울었는지 이야기해 주어서 알게 되었다)

남편 대신 엄마가 한 번씩 병간호를 오게 되는 날이면 엄마 눈 속에 철철 흐르는 눈물 빛 때문에 내가 너무 죄송해졌다. 불효를 하는 것 같았고 집에 두고 온 아이들이 너무 보고 싶어 한없이 슬퍼지기도 했다.

그때 우리 아이들을 데리고 바닷가에 산책을 나가 아이들이 맘껏 뛰어노는 모습을 찍어서 보내준 분이 계셨다.
"사모님~ 아이들 잘 지내고 있어요. 그러니까 사모님은 회복에만 집중해. 얼른 나와서 우리 애들 다 데리고 놀러 가야죠!" 하고 응원을 해 주셨다. 남편이 바쁜 주말이면 그분이 우리 아이들을 자기 집에 초대해 주셔서 엄마가 병원으로 나를 돌보러 와주실 수가 있었다. 맛있는 파스타와 닭 날개 구이 요리(외할머니는 못 해주는 메뉴)를 앞에 두고 기대감으로 환하게 웃는 아이들의 모습, 맛있게 먹는 모습들을 사진으로 보내주셨다.

그분의 따뜻한 마음 덕분에 아이들 걱정에서 조금은 벗어날 수 있었다. 아이들도 엄마가 없어서 불안하고 추운 마음을 따뜻한 음식으로 달랬던 것 같다. 그때 그 음식 이야기를 지금도 가끔 한다.

4

집에 아픈 사람이 생기면, 그의 부모님은 자식이 아파 마음앓이 하시는 부모님이니까, 자식들은 어리니까, 관심과 위로를 받는다.

그 와중에 배우자는 소외되기가 쉬운 것 같다. 그저 묵묵히 버텨내야 하는 사람으로 여겨지기도 한다.

한 날은 남편이, 어떤 집사님이 감자탕을 해다 주셨는데 부드럽고 맛있더라며 내가 조금 넘길 수 있을까 싶어 보온도시락에 담아 온 적이 있었다. 그때 내 상태는 패혈증이 와서 아무것도 삼키질 못하고 목구멍이 딱 막힌 것 같이 되었었다. 매일 해질 녘이 되면 열경련을 했고, 고열 때문에 눈이 뒤로 넘어갔다. 고열 전용 해열제와 해열제 중독 해소제가 혈관 속으로 콸콸 쏟아부어졌다. 1분 1초가 얼마나 고통스러웠는지, 마치 시간이 영원히 멈춰버린 것만 같았다. 그런데 그 집사님이 직접 만들어다 주셨다는 이야기에 일어나서 한 술 뜰 수밖에 없었다. 그분은 당시 만삭의 몸으로 매일 출근하는 간호사셨기 때문이다. 아주 터울이 많이 나는 늦둥이를 임신하셔서 나이도 있으셨다. 젊은 임부라 해도 몸이 이래저래 힘든 만삭의 시기인데 담당 목사님이 사모님 입원이 길어져서 식사도 못 하실까 봐 걱정이 되어 밤새 국물을 끓이고 기름을 걷어내며 감자탕을 만드셨을 그 모습이 눈에 훤해서, 없는 기운을 쥐어짜서 일어나 앉지 않을 수가 없었다.

그리고 그만큼 정성을 쏟아부어서 그런지 정말 맛있었다!!
앞으로 어디서도 그때 그 감자탕 맛을 다시 볼 수 없을 것 같다. 사람이 사람을 위해 시간을 쓴다는 게 이렇게 큰 힘이 될 줄이야. 그 지극 정성한 사랑이 나를 다시 일어서게 했다.

5

나는 평소 김치를 그렇게 즐겨 먹지는 않는다. 김치가 없어도 라면을 짜장면을 볶음밥을 매우 잘 먹는다. 그런데 가끔 특정한 어떤 김치가 먹고 싶을 때가 있다. 갑자기 열무김치가 먹고 싶다던가, 오이소박이가 먹고 싶다던가 하는 때 말이다. 그럴 때 도대체 어떻게 아신 건지, 딱 내가 먹고 싶던 그 김치를, 딱 내 입맛에 맞는 상태로 가져다주시는 권사님이 계셨다. 아주 타이

밍이 기가 막힐 따름이다.

　내가 어머, 어머!! 를 연발하며 이거 제가 먹고 싶었던 건데 너무 맛있고 감사하게 잘 먹었다고 말씀을 드리면 "사모님, 별 거 아니에요, 그냥 시장에서 산 거예요~" 하며 걸크러쉬 뿜뿜 하셨다.

　이 권사님은 내가 몸이 아파서 교회를 빠지는 날이면 우리 아이들을 데리고 편의점에 가서서 1인 1봉다리 플렉스를 시켜주시기도 했다. 뭘 이렇게 눈치 없이 많이 주워 담아왔느냐고 아이들에게 뭐라고 하면, "이제 그만 됐다고 말씀드렸는데 권사님이 막 이것도 저것도 다 담아주셨단 말이야"하고 아이들이 전한다.

　별거 아닌 것처럼 얘기하셨지만, 나는 참 감사한 마음이 들었다. 그런 세심한 배려가 나를 지탱해 주는 힘이 된다.

　사랑은 맛있는 걸 먹으면서 깊어진다. 데이트를 하면서 아무 것도 함께 먹지 못하게 한다면 사랑이 깊어지기 어려울 것이다. 적절한 때에 맛있는 음식을 전해주신 성도님들이 계셔서 내가 적성에 안 맞는 사모 자리를 여기까지 올 수 있지 않았을까 생각해 본다. 예수님이 내 양을 '먹이라'고 하신 말씀도 함께 묵상하게 되는 아침이다.

영적으로 육적으로 모두 잘 먹는 것이, 어쩌면 인생의 핵심이 아닐까_

#엄마 손맛
#맘스터치

#힐링

사모님, 너무 재미있지 않아요?

뭐가요

✦ ✦ ✦

　심방을 가면 영혼이 탈탈 털려나가는 것 같은 기분을 느낄 때가 많다.

　어떤 표정을 짓고 앉아 있어야 할지, 나는 전문사역자도 아닌데 얼마큼 대화에 참여하고 리액션을 해야 될지, 모르겠는 순간들 말이다.

　다과상에 놓인 음식과 차를 부족함 없었다는 느낌으로 살짝 남겨야 하는지, 정말 맛있었다는 뜻으로 싹싹 먹어야 하는지. 어른들 말씀 중이신데 폭풍먹방을 하는 게 맞는 건지, 이거 애쓰고 깎아주신 거지만 그냥 구색만 갖춘 거라고 생각하고 음식이 남아도 돼야 하는 건지, 목사님들은 거듭된 심방 다니시느라 배부르실 테니 내가 이걸 책임지고 다 먹어치워야 도움이 되는 것인지_ 정말 모르겠다.

차를 끓이고 준비할 때도 번뇌는 이어진다.

내가 여기 전 멤버들 중 가장 어린데 어서 발딱 일어나 주방에 가서 뭐라도 해야 하는 건지, 그런데 남의 주방인데 들어가도 되는지, 내가 뭘 도울 수준이나 되는지, 오히려 훼방 놓는 건 아닐까 하는 고민이 꼬리에 꼬리를 물고 계속된다.

그러다 심방을 마무리할 즈음, 불시에 담임목사님이 갑자기 마무리 기도라도 하라고 시키실 때면 정말 당황스러움에 얼굴이 화끈거려서 말이 다 꼬이고 미쳐버릴 것 같다.

나는 방언기도를 할 때도 회중 중의 누군가 혹시라도 방언 '통역'의 은사가 있는 분이 계시진 않을까 해서 조용조용히 볼륨을 조절하며 기도한단 말이다.

나는 하나님께만 소곤소곤 내 마음을 아뢰고 싶다.

그리고 낮에 심방을 받으시는 성도님들은 대개 우리 부모님보다도 더 나이가 많으신 분들이라서, 이게 농담이신 건지 진담이신 건지 잘 모르겠는 때가 많다. 그러니 초보 사모이던 시절에는 감정소모가 더 컸던 것 같다. 옆엣분들이 웃으시면 따라 웃고, 진지하게 계시면 얌전히 있고_ 따라 하기 바빴다.

그날은 나 말고도 부목사 사모님이 한 분 더 심방에 갔던 날이었다.

심방이 끝나고 돌아오는 차 안에서 갑자기 그 사모님이 내게,

"사모님, 이렇게 나갔다 오는 거 너무 재미있지 않아요?" 하고 웃으며 물으셨다. 나는 이미 현장에서 감정잔고를 다 써서 무표정의 무표정으로 있었는데 말이지.

"무슨 재미 말씀이세요 사모님?" 내가 되물었다.

할 말이 없을 땐 상대방이 한 말이나 행동을 거울처럼 따라 하라고 했어.

"네! 바람도 쐬고 맛있는 것도 먹고 너무 좋잖아요?"

아아 그러시구나...

저는 혼자 집에서 라면 먹는 게 더 편하고 좋아요, 사모님.

#나만 이상한 앤가 봐
#밥을 어디로 먹는지 모르겠어
#적성에 안맞아

남의 선녀옷 입은 여자

사모라는 자리는 대체 몇 년 차쯤 되면 적응이 될까요?

✦ ✦ ✦

물론, 목사의 자녀로 사는 것보다 목사의 아내로 사는 것이 더 적응이 쉬울 것이다. 알고 선택한 것과 태어나보니 그렇게 된 것은 천지차이니까.

그럼에도 불구하고 어려웠다. 다른 사모님들은 대체 어떻게 적응하고 사시는 건지 알고 싶었다. 교회에서 보면 늘 행복해 보이시는데, **정말** 그러신 건지 궁금했다.

그런데 물어볼 곳이 없었다. 그런 질문을 아무에게라도 하는 순간, 나는 가시밭길 위에 서 있음을 스스로 드러내고 마는 거니까.

'나는 이 길에 도무지 맞지 않아. 이제 어쩌면 좋지.'

매일 고민이 되었다. 마치 남의 선녀옷을 빌려 입은 채 사는 것 같은 기분이 들었다.

남편은 목사 안수를 받으면서 이전과는 비교할 수 없이 바빠졌다. 쉬는 날이면 점심때까지 쿨쿨 자기도 했다. 모처럼 함께 식사할 수 있는 유일한 날인데도 나는 혼자 밥을 먹었다. 그렇게 신혼의 즐거움마저 사라지니 더욱 울적했다. 쉬는 날마다 시댁에 불려가거나 시부모님이 우리 집으로 오셨다. 육아에 대한 책임, 사모로 사는 무게감, 외며느리로서 기대받는 〈역할〉만 남아 나를 누르는 듯했다.

첫눈에
'아, 이분은 나는 행복해요 가면을 쓰지 않는 분이시구나' 하고 느껴진 분이 있었다. 프로 베테랑처럼 잘 하셨지만 솔직한 분이셨다. 둘만 있는 기회를 타 조심스레 여쭤보았다.
"사모님, 저는요, 벌써 7년 차가 넘어가는데 아직도 계속 이 자리가 불편하고 적응이 안 돼요. 대체 언제쯤이면 좋아질까요?"

"자기야, 나는 삼십 년이 넘었는데 아직도 적응 중이야~
선교사로 있을 때는 거기서 원하는 모습이 있었거든?
그런데 한국 교회 들어와서 사역을 하니까 여긴 또 전혀 다른 세상인 거야.
아마 평생 적응만 하다가 끝날지도 모르겠어~ 호호호"

   아아, 이 옷은 평생 불편한 옷이었군요.

   목회자들끼리 모인 자리에서 성도들과의 어려움, 사역자로서의 고뇌 등을 주제로 나누게 될 때면 늘 있어왔던 어른 목사님과 사모님의 조언들— 그 연차 때는 뭐 다 그럴 때다, 기도 많이 해라 등등의 구체적 솔루션은 없는 두리뭉실한 이야기들만 듣다가 20년은 족히 어린 꼬마 사모에게 본인의 솔직한 심경을 쏘쿨하게 나누어주신 담임사모님의 말씀에 가슴 한 켠이 뻥 뚫리는 시원함을 느꼈다.

   #걸크러쉬
   #솔직한 매력
   #존경합니다

목사 아내의 조건
사랑만으로 살 수 없어

✦ ✦ ✦

목사의 아내가 갖춰야 할 조건이라면 어떤 것들이 있을까?

매일 기도를 최소 몇 시간씩은 해야 한다는 둥

유아교육학, 심리상담학, 교회음악학 등을 전공한 자라야 남편을 뒷받침해 사역을 잘 도울 수 있다는 둥

힘이 세고 요리를 척척 잘 해내야 주일 예배 끝나고 밥을 잘 지을 수 있다는 둥

사람 얼굴을 잘 외워서 예배에 누가 안 나왔는지 자연스럽게 파악을 하고, 심방 갈 때 성도들 기억을 해야 된다는 둥

목사님이 놓치는 부분까지도 뒤에서 다 커버하는 숨은 실력자여야 한다는 둥

부족한 재정을 감당할 수 있게끔 생활력이 강한 여자여야 한다는 둥

백 명이 있으면 백 스무 개의 조건이 나열될 것이다.

결혼 전에 고백했다.
나는 오빠를 정말 좋아하고 이전에 누군가를 좋아해 본 감정들은 다 하찮고 가볍게 느껴질 정도로 오빠를 진짜 찐사랑 하지만 솔직히 난 사모로 살아갈 자신이 없다고. 그런 건 단 한번 상상조차 해본 적이 없다고.

오빠가 대답했다.
자기는 아내 될 사람에게 바라는 거 하나라고.
퇴근하고 돌아왔을 때 쉴만한 품을 내어줄 사람
자기가 온 평생 동안 전심으로 사랑할 사람
그게 너라고. 넌 아무 걱정 말고 따라오라고.

오빠를 믿었다.
'내가 사랑하는 남자의 전공이, 어쩌다 보니 신학이었을 뿐' 하는 스탠스로 시작한 전도사 아내로서의 결혼 생활이 어떠했을지 상상에 맡기겠다.

매일 매일이 험난한 가시밭길이었다.

나도 교회에 설교 듣고 은혜 받으러 왔는데
성도들은 내게 무언가 특별한 그 이상의 것을 기대하고 원했다.

자기 자식 며느리보다 한참 어린 내게
자기를 온전히 용납하고 품어달라고 했다.

#드릴게없어서_죄송합니다

만능엔터테이너 우리 교구 사모님

슈퍼히어로의 출현

✦ ✦ ✦

남편이 전도사였을 때와는 다르게 부목사가 되어 장년 사역을 맡게 되자 사모인 내 삶도 달라졌다. 성도님들께서 대하시는 태도나 온도, 대화의 이슈들이 달라졌는데, 이를테면 이런 거다.

부목사모인 우리들을 앞에 번히 두고
"우리 교구 사모님이 제일 예뻐."
"아니야, 우리 교구 사모님이 키도 훤칠하고 미인이지."
하는— 승자는 없고 패자만 남게 되는 아무 의미 없는 순위 다툼을 자기들끼리 뜬금없이 하신다거나
"사모님, 옆 교구 사모님이 이번 주일에 입고 온 옷 봤어요? 사모님도 그렇게 좀 하고 다녀요."
같은 선 넘는 발언을 하시기도 한다.

그렇게 불현듯 평가를 남기고 휙 지나가버리시면 뒤에 남은 우리들끼리 어색한 웃음을 허허 지으며 분위기를 전환하려 애썼다.

목회는 사람을 위해 사람들이 하는 일이다. 부목사들끼리 서로 잘 지내지 않으면 목회의 시너지가 나기 어렵다.
그러나 우리들끼리 잘 지내고 있다가도, 그렇게 비교하고 우위를 가리는 말들을 자꾸 들으면 '그래 저 사모님이 확실히 더 예쁘시고 전공도 더 멋지고 잘났긴 하지~?' 하는 생각이 스며들게 되어 나도 모르게 비교의식을 갖게 됐다.
이런 비교는 마음을 무겁게 하고, 내가 가진 것에 대한 불만족을 불러일으킨다.

우리 교구 성도들에게 자랑스러운 트로피 같은 사모가 되어드리고 싶기도 했으나, 어째 늘 역량부족이었다. 임신 중이었고, 또 임신 중이었고, 무슨 활동을 적극적으로 하며 일을 감당하기엔 아기가 어렸고, 성격이 수줍음을 많이 탔고, 체력이 말도 못 하게 달렸기 때문이다.

사모로서의 역할을 다하고 싶으면서도, 현실적인 제약이 발목을 잡는 상황이 잦았다. 사모라는 위치가 때때로 나에게 스트레스를 주기도 했고, 나의 정체성을 흔드는 요소가 되기도 했다.

그런 모든 상황 속에서도 나는 아내이자 사모로서의 역할을 다하고 싶었고, 내 마음의 부담을 감추며 최선을 다해 잘 해내고 싶었다. "사모님"이라는 호칭이 주는 무게는 결코 가볍지 않았고, 나는 그 기대에 부응하기 위해 오늘도 부단히 노력하는 중이다.

전 교인 체육대회 같은 날은 아주 히트다.

어떤 사모님이 달리기를 잘 하나, 누가 누가 분위기를 가장 잘 띄우나, 다들 지켜보고 계시다.

인원수 모집이 부족한 종목에서, 관절이 아프신 권사님들 대신에 젊은 〈우리 교구 사모님〉이 혜성처럼 나타나 승리로 이끌어주기를 다들 바라신다.

그런데 그거 아십니까.

부목사 사모들은 관절이 젊은 만큼, 대개 아이가 어립니다.
원하시는 역할들을 흡족히 수행할 만해지면 담임목회를 나가게 되지요.

필드에 나가서 경기하는 동안 제 아이는 누가 보나요.
대신 맡길 돗자리 지원군 구역 식구들도 없고요, 갑자기 아무 품에나 맡기면 아기가 우는걸요. 사모님들은 다 흩어져 자기 교구 응원석을 지키고 계시고요.

남편은 오늘이야말로 가장 바쁜 날이라서
남편 역할을 할 수가 없는걸요.
아이들은 낳아만 놓으면 다 은혜로 자란다고요?
잠깐 맡긴 사이에 마이쮸를 잔뜩 먹여 돌려주고 가시면 아이는 당장 저녁밥도 먹질 않는데요.

그런데 권사님, 오늘 따님은 손주들도 모두 보이질 않네요?
체육대회라서 먼지 나고 힘드니 집에 일찍 가셨군요.

#그렇습니다

별별 사람이 다 모여있는 곳, 교회
주시면 그냥 잔말 말고 감사히 받아

✦ ✦ ✦

감사하게도 우리 집은 기름이 떨어지지 않는 복을 받고 있다. 오늘은 그 뒤에 숨겨진 이야기를 들려드리려 한다.

어느 날 저녁이었다. 초인종이 울렸다.
문을 열어보니 G집사님이셨다.
"사모님! 애기들 김 좋아하죠?"
다짜고짜 이런 질문을 하시더니, 어깨에 둘러메고 오신 망태기에서 전장김을 와르르 쏟으신다.
"이게 다 웬 김이에요, 집사님?"
갑자기 눈앞에 벌어진 상황에 내 눈이 휘둥그레졌다.

"애기들은 김을 좋아하니까, 사모님 애들이랑 드시라고."
그렇게 현관에 김을 한 뭉텅이 꺼내놓으시고는 바람처럼 사라진 G집사님.

아니 이게 웬 떡! 웬 김이야 싶어 신이 났다. 아이들에게 밥을 잘 먹이려면 김만큼 좋은 반찬이 없지. 기름이 떨어지지 않는 걸로도 모자라 이제는 아이들 최고 반찬 김까지 이렇게 공급이 된다고? 신기하고 반가웠다. 한 봉지 뜯어 먹기 좋은 크기로 잘라서 통에 담았다. 그리고 다음 날 아침, 김 통을 열었는데 쩐내가 진동을 했다. 서둘러 김 포장을 확인해 보니 유통기한이 지난 김이었다. 이게 지금 무슨 상황인지 잘 이해가 되지 않았다.

아이들을 어린이집에 보내고 사랑방 사모님네 모여서 티타임을 가지며 어제 G집사님이 다녀가신 이야기가 나오게 됐다. 어젯밤 다른 사모님네도 모두 다녀가셨다고 했다. 집까지 오셨는데 문 안으로 들어오지도 않으시고 현관에 김을 우르르 꺼내놓고 가셨다는 것도, 그런데 김을 먹으려고 보니 유통기한이 지난 김이었다는 것까지도 다 똑같았다.

새로 온 지 얼마 안 된 P사모님과 나는 어제저녁에 갑자기 벌어진 일련의 일들이 처음이라, 이 김을 어떻게 해야 되는지 고민이라는 얘길 했다. 뭔가 오해가 있었던 것으로 생각했기 때문이다. 그러자 사랑방사모님이 G집사님은 식당을 하시는데, 거기서 반찬으로 김이 사용되고 있고 기한 안에 미처 소비되지 못한 김은 이렇게 가끔 부목사네 집에 가져다주신다고 알려주셨다.

사실 이 김은 아이들을 위한 깜짝 선물이 아니라, 귀찮고 남 주기는 뭐한 것을 형편 어려운 부목사네에 생색내며 처분하는 G집사님의 새로운 방식이었던 것이다. 신경 써 주신 것이니 감사하다고 해야 되겠지? 씁쓸한 헛웃음이 났다.

김은 무게도 안 나가서 음식물 처리 비용도 얼마 안 들 텐데 참 노력이 가상하다는 생각이 들었다. 김 망태기를 이고 부목사들 집 일일이 다니시는 게 더 힘들지 않나. 주고도 욕먹는다는 걸 모르실까? 먹어도 괜찮으면 식당에 계속 쓰시지. 김 포장째 손님상에 올라가는 것도 아닌데 뭐 어때.

맘속에 오만가지 생각이 들었지만 그렇구나 하고 넘어갔다.

몇 개월 뒤, 또 어떤 저녁에 초인종이 갑자기 울렸고 G집사님이 서 계셨다. 어깨엔 망태기를 메고.

"사모님! 애기들 김 잘 먹죠?"

현관에 풀어놓고 가신 김은 또 날짜가 지난 김.

잊을 만하면 이러는 일이 수차례 반복되자 화가 나기 시작했다.

쩐내가 이렇게 나는 김을 '아기들한테' 먹이라는 거야?
사실은 쓰레기 처리하시는 거면서 지금 누구 생각해 주는 척을 하는 거지? 상품성이 떨어진 뒤에야 재고 처분하는 물건을 받으면서도 웃는 낯으로 고마운 척해야 하니 화가 났다. 단톡방에 소식을 공유하니 아직 김 산타클로스가 다녀가지 않은 집도 있었다. 다음 집에 가셨다가 여기 우리 집 앞을 또 지나가시겠지? 이번만큼은 정말 불쾌하다는 마음을 표현하고 싶었다. 쓰레기봉투에 보란 듯이 김만 덜렁 담아 골목길에 내놨다.
'날짜 지난 김 사절. 다음엔 제발 이러지 마세요'라고 봉투에 써 붙이고도 싶었다.

지나가다가 김 보셨으면 어쩌지 걱정도 되고, 괜한 짓을 한 건 아닌지 후회가 되기도 했다. 혹시라도 집사님이 지나가시다가 정말로 이걸 보시고 "사모님~ 이거 왜 버리셨슈? 먹어도 암시롱토 안헌디?"하고 우리 집 초인종을 다시 누르시기라도 하면 어쩌지?

한편으론 꼭 보셔서 다음부터는 이런 일 없었으면 좋겠다고 바라기도 했다. 이런 식의 깜짝 방문 이벤트는 겪고 싶지 않았다.

화가 나서 심장이 뛰고, 그냥 참을 걸 싸움을 붙이는 일이 되진 않을까 겁이 나서 두근두근 댔다. 김을 먹지도 않았는데 김 때문에 심장이 큰 영향을 받아 너무 힘들어졌다.

분에 넘치는 사랑을 받기도 하니, 이런 경우없는 일도 감내해야 되는 건가 고민이 되었다.

남편은 교회란 원래 별의별 사람이 많은 거라고 했다.

교회에 모인 사람들은 그저 예수님 외에는 공통점이 없으니 각기 다른 색깔을 가진 사람들이 모일 수밖에 없다고.

#집사님 손주도 김 좋아할걸요

너는 내가 대접받고 다니는 걸로 보이니

냉혹한 현실

✦✦✦

당신은 어딜 가든 사람들이 위해주고 좋아해주는데 사모인 나는 이러면 이랬다고 욕먹고 저러면 저랬다고 말이 나오니 내가 하는 모든 행동이 다른 이들의 평가에 휘둘린다고 하소연하곤 했다.

아이가 있으면 공연히 부산스러우니 사모님은 혼자 아이들과 저 끝 자리에 앉고 목사님은 귀하게 제일 중앙 자리에 앉으시라고 하는 식사 자리에서 엄마 생각이 났다. 나 이렇게 푸대접 받는 거 보면 우리 엄마가 얼마나 속상해하실까?

그런데 엄마 생각을 하니, 갑자기 정신이 번쩍 들었다.
엄마가 섬기시는 교회 건물 안에 담임목사님 사택이 있는데, 매일 택배가 얼마나 오는지 "사모님은 목사님 사례비로 죄다 쇼핑만 하나보다" 흉을 보셨던 게 퍼뜩 떠올랐기 때문이다.

그리고 아주 예전에 주일을 마치고 돌아가는 길에 하셨던 말씀도 생각났다. 전도사님 사모님에 대해, 얼굴이 시커멓다며 "왜 사모 얼굴에 기쁨이 없냐, 주님 따라가는 길이 재미가 없나 보다. 그 사모를 보면 내 기분까지 쳐진다"라고 하셨었던 기억이 났다.

자기 딸이 사모임에도 불구하고 너무나 쉽게 사모들에 대해 평가를 내리는 말을 바로 눈앞에서 듣고 있으니 '님'자 붙여준다고 편하게 넋 놓고 있으면 안 된다는 생각이 들었다.

인사를 얌전하게 하면 싸가지가 없다는 소릴 들었고
인사를 밝게 하면 나사 빠진 사람 같다는 소릴 들었다.

A 사역지에서는 사모란 모름지기 있는 듯 없는 듯, 숨죽이고 조용히 다니고 침묵을 미덕으로 삼으라고 했다.
B 사역지에서는 사모가 되놔서 교육부서 하나씩은 척척 맡아서 감당하고, 성가대도 섬기고 예배 때마다 반주도 하지 않고 뭐 하느냐고 닦달을 했다.

사역지에서의 은근한 압력도 견디기 힘들었지만, 가끔씩 엄마의 말속에서 사모들에 대해 신랄한 평가가 나올 때마다 나는 더욱 큰 압박감을 느꼈다.

그런데 부목사 사모님들 안에서의 눈치게임은 더 난감했다.

나이가 어리니 선배 사모님들 사이에서 노상 치이고 눈치를 봐야 했다. 적절한 분위기를 유지해야 했지만 절대 튀어서는 안 됐다. 내 색깔을 지우고 전체에 맞춰야 했다. 그 선을 맞추지 못하면 가차 없이 응징을 하는 선임 사모님 K 아래에 있던 시절은 다시 떠올리고 싶지 않다. 앞에서는 수더분하고 편안한 분위기지만 뒤에서는 등에 칼을 꽂는 분이셨다.

표면적으로는 모든 사모들을 자매처럼 잘 챙기고, 늘 화기애애한 분위기를 만드셨다. 그렇게 다 같이 티타임을 갖던 중에, A가 잠시 전화 통화나 화장실 등으로 자리를 비우면 바로 표정이 싹 변하시며 A사모 흉을 살벌하게 보셨다. 그러다가 A가 돌아오면 언제 그랬냐는 듯이 인자함 한 큰술 넣은 표정과 유쾌함으로 분위기를 주도해 나가는 분이셨다. 자기 등에 칼을 꽂은 이가 바로 그분 K사모님이라는 걸 전혀 짐작조차 하지 못하고 좌천되는 분도 보았다. 너무나 정치적이고 여론 만들기에 능한 분이셨다.

처음에는 다들 그 사모님 손바닥 안에서 겁먹고 있는 상황이 '다 큰 어른들이 무슨 이런 신경을 쓰고 있나, 다들 참 할 일 없나 보다' 생각했었다. 그런데 여러 가지 사건들을 겪어보니 나도 그 심리적 지배에 젖어들 수밖에 없었다.

K사모님과 나는 나이가 띠동갑 이상 차이가 났지만 아이들 나이는 또래였다. 유아부 선생님 중 자상하고 열심 있으신 분이 계셔서 주일 아침마다 사택으로 아이들을 데리러 와주셨다. 연년생인 K사모님의 아이들과 우리 첫째는 친구들이니까 어린이들끼리 손을 잡고 걸리시고 우리 막내는 아직 혼자 걸을 수준은 아니어서 품에 안고 데리고 가셨다. 그런데 이 모습들을 뒤에서 지켜보고 계셨나 보다. 한 날은 갑자기 "집사님, 우리 OO이 손 좀 잡아줘요" 하고 계단 위에서 목소리가 들려 기절초풍하는 줄 알았다. 깜짝 놀라 사모님을 바라보니 냉랭한 표정으로 내려다보고 계셨다. 그 순간 가슴이 철렁 내려앉았다.

실은 나도 한 열심 하는 엄마라, 교육부서에서 진행하는 여러 프로그램에 최선을 다해 참여하고 아이 또한 그렇게 하도록 독려했었는데, K사모님 아이와 우리 아이가 또래인 상황에 처하게 되면서 이것도 하나의 작은 경쟁과 미묘한 눈치 싸움임을 피부로 느끼게 되었다.

우리 아이가 K사모님네 아이보다 돋보이지 않도록 신경을 쓰게 되었다. 괜히 교사들에게 큰 관심과 사랑을 받게 되어 미운털이라도 박히게 되면 큰일이다. 나나, 내 아이가 관심받는 것이 자칫 K사모님에게는 경쟁의 신호로 비춰질 수 있다는 불안감이 늘 있었다.

A사모가 없는 자리에서 자신이 주도적으로 나눈 험담을 다음 자리에서는 찬사로 바꾸는 K사모님의 능력. 재미있게 나들이 가자고 하시는 것 같지만 실은 후임들의 섬김과 노동을 당연시하는 태도. 그 순간을 지켜보며, 나는 그 어떤 행동도 그녀의 시선에서 자유롭지 않다는 걸 절실히 느꼈다. 표정관리를 어떻게 해야 할지 매 순간 아슬아슬한 줄타기를 하는 기분이었다. K사모님의 입에서 나오는 칭찬과 비난은 마치 무대의 조명처럼 나를 비추고, 그 빛에 따라 나의 모든 행동이 평가받는 듯했다. 나를 비롯한 부목사모들 모두가 그녀의 조명과 코멘트에 맞춰 행동하느라 참 바빴다. 아이 보모, 운전기사 등 각자 부여받은 역할이 있었다.

되도록 조용히 지내고 싶은데, 티타임 명목 아래 소집은 왜 이리 잦은지. 내가 지금 군인 관사 아파트에 사는 건지 목사 사택에 사는 건지 모를 일이었다.

잠자코 들어주던 남편이 어느 날 내게 물었다.

"너는 내가 대접받고 다니는 걸로 보이니?"

그리고 덤덤하게, 자기가 어떤 일을 겪는지 조금 맛보기로 꺼내어 보여주었다.

부교역자로서 담임목사님을 수행하는 것은 당연하다고 생각했지만, 담임목사님의 개인적인 잡다한 일 돕느라 정작 맡은 바 사역을 할 시간이 모자라게 될 때 자기가 지금 목사인가 어느 집안의 수행비서인가 현타가 온다고 했다.

성도들이 앞에서는 "아이구 목사님~~~"하고 다들 말씀하시지만 뒤에서는 이러쿵저러쿵, 사모인 내가 씹히는 거랑은 차원이 다른 채찍이 있다고 했다.

여기에 다 적을 수는 없지만, 남편에게도 내가 생각하지 못했던 수많은 애로사항들이 있었다.

당신도 참 불쌍하구나

부목사로 산다는 것

"당신은 그런데도 이 일이 좋아?"

"응. 나는 사람이 아니라 하나님 보고 하는 일이잖아.

솔직히 우리가 돈을 많이 버냐, 워라밸이 좋길 하냐, 사회적인 평판이 좋길 하냐. 사람 평가에 좌지우지할 것 같았음 이 일 하면 안 되지.

이 길이 주님 주시는 복이 많기도 하지만, 이렇게 말이 많고 피곤한 곳인데 이 일 자체를 사랑하지 않았다면 나도 진작 포기했을 거야."

허허실실 속없는 인간인 줄만 알았는데.
남편이 다시 보였다.

#어릴 때부터 꿈이었던 사람은 뭔가 다르구나

#당신의 길을 응원할게

#혹시 나한테 멋있어 보이려고 한 말인지 계속 지켜봤는데
   정말 좋아하는 듯_ 신기할 따름

#난 솔직히 당신 사랑하니까 그냥 따라가는 거야

예수님이 부끄러운 건 아닌데

그리스도인이라고 밝힐 용기

✦ ✦ ✦

교회 밖에서 사람을 사귀게 되면 간략하게나마 내 소개를 해야 할 때가 있다. 표준말을 구사하다 보니 외지 사람이라는 게 티가 나고, 서울 사람이 어떻게 여기에 오게 되었는지 궁금해하시는 분들이 종종 있다. 그럴 때 난 남편이 목사여서 여기까지 흘러오게 되었고, 내가 사모라는 걸 밝히기 싫다.

남편 때문에요~ 하고 얼버무려 대답하면 그다음 질문은 "남편이 군인이야?"하고 이어질 때가 많은데, 그럼 어떨 땐 그냥 그렇다고 대답해버리기도 한다. 몇 번 안 보고 관계가 끝날 사람인 경우에 그렇다. 친해지면 내가 좋은 사람이라는 걸 알아줄 거라고 생각하지만 관계가 짧게 마무리될 사람들인 경우에 상대방의 세계관을 알 수가 없고, 한국에 여러 종교인들이 있지만 특히나 목회자에 대한 인식이 어떤지 너무나 잘 알기 때문이다.

나는 욕먹는 것이 두렵다.

예수님이 부끄러운 건 아닌데 그냥 그렇다.

그렇게 대답하고서 예수님의 군사니까 솔져 맞지 뭐, 라고 합리화를 하기도 했다.

교회에서 이러면 이랬다고 저러면 저랬다고 뒷말을 많이 들어서 그런지 나는 결혼하고 하루가 다르게 소심해져 갔다.

드러날 준비가 되지 않았는데 드러나는 자리에 있으면 그 자리가 아무리 빛나는 의자라 할지라도 가시방석이 된다.

"아이구 목사님, 사모님" 하고 존대하며 불러주시는 교회 안에서도 이러쿵저러쿵 말이 많은데, 개독이라고 부르는 세상 가운데서 저들은 나를 어떻게 생각할까, 항상 두려웠다. 예수님은 나를 위해 세상 죄를 기꺼이 짊어지고 죽기까지 하셨는데, 나는 조금의 비난 어린 말과 시선 하나도 감당하기 어려워한다. 그러면서 스스로 자신감 없는 모습에 또, 움츠러든다.

교회 다니는 아이들이 청소년기에 학교에서 점심시간 식사 전 기도를 할 때 하품하는 척 얼굴을 쓸어내리며 주님 잘 먹겠습니다 아멘! 하곤 한다는 유튜브 쇼츠를 보고 웃으면서 한편 마음이 씁쓸했다. 나도 그렇기 때문이다.

마틴 스콜세지 감독의 〈사일런스〉를 봤다.

정말 '조용'해서, 육아퇴근 후 지친 몸 이끌고 밤에 보려니 중간에 자꾸 잠이 드는 바람에 영화 한 편을 장장 며칠에 걸쳐 봤다. 변절은 무엇인가 믿음은 무엇인가에 관해 생각거리를 주는 영화였다.

한 번 배교하고 두 번 배교하고 세 번, 네 번 배교하면서도 또 예배의 자리에 나오는 기리시탄(크리스천) 키치지로. 그는 그리스도인일까 아닐까.

주일마다 회개하고 또 죄를 짓는 우리와 배교를 밥 먹듯 하지만 신부님만 보면 고해성사를 하는 키치지로는 주님 보시기에 같은 모습이지 않을까?

예수님은 기꺼이 밟고 지나가라고 하실 거야
내가 예수님이어도 그럴 거야
그러려고 이 땅에 오신 거니까_
이건 인간의 자기 합리화일까, 예수님의 마음일까?

나는 성경을 읽으면서 종종 인물의 심정에 대해 묵상하게 된다.

베드로, 닭 울기 전까지 버틸 일이야? 나 같음 예수님 체포되시자마자 워어, 멕시코로 도망갔을 거야. 짐 싸서 밤기차로 도망가면서 예수님 죄송해요 그런데 주님 제가 그럴 줄 이미 알고 계셨으니 조금만 이해해 주세요 하며 광광 울었겠지.

'이 사람은 정녕 의인이었도다' 하고 공적인 자리에서 의견을 드러낸 로마의 백부장. 로마 군대의 공식적 입장이 어떠한 줄 알고 그 군대 안에서 백부장의 위치가 얼마큼인지를 생각한다면 정말 놀라운 일이 아닐 수 없다. 입 한번 잘못 놀렸다가 다음 날 불명예제대를 당하게 될지 모를 일 아닌가. 퇴근하고 집에 가서 아내에게만 살짝, "내가 오늘 이런 일을 직접 봤는데 난 예수가 의인이라고 생각해."라고 이야기해도 됐을 텐데 말이지.

나는 한밤중에 예수를 찾아간 니고데모 과에 속하는 사람이다. 감히 예수님을 팔로우 하지는 못하고, 조용히 DM을 보냈을지 모른다.

이런 나도 예수님이 사랑해 주실까?

두려움에 지배당했던 또 다른 인물로, '예수님을 고난하고 십자가에 못 박아 죽음에 이르게 한 인물'로 공예배 때마다 회자되며 영원히 고통받는 빌라도도 있다. 그는 어쩌면 대중의 여론을 많이 두려워한 사람이 아니었을까 생각한다. 그는 예수를 놓아주려 했었다. 그냥 이 일에 관여하고 싶지 않아 했던 태도를 보인다. 그는 어쩌면 자기 관할에서 폭동이 일어나 골치 아팠던 운 없는 통치자에 불과했을지 모른다.

마지막으로 오늘날 바로 여기, 자기가 그리스도인임을 선뜻 드러내기 곤란해하는 어떤 여자가 있다.

#예수님 죄송해요
#겁쟁이 쫄보 군사

저 분은 자기가 설교하는 대로 살까?

아무도 못 믿어

◆ ◆ ◆

결혼 후 한 3년쯤 되니 우리 부부에게도 권태기가 찾아왔고 남편이 하는 모든 게 다 꼴뵈기가 싫어졌다.

아이가 밤새 아무리 칭얼대도 단 한 번을 일어나지 않다가 새벽예배 알람이 울리면 벌떡 일어나 나가는 모습_ 선택적 잠귀 어두움에 관한 깊은 탄식

성도들 집에 별별 애경사는 다 챙기러 쫓아다니면서 자기 친구 친척 처가 일에는 불참하는 모습_ 네 코가 석자다 이 녀석아 하는 생각이 듦

남편들이여 아내 사랑하기를 그리스도께서 교회를 사랑하심 같이~ 그러면서 집에서는 맨날 자빠져 계시는 모습_ 뚫린 입이라고 말은 참 잘하제?

지금은 퇴근 후 지쳐 잠든 남편의 모습이 몹시 안쓰럽고 쉬게 해 주고 싶은 긍휼함이 있지만 그때는 '밖에선 할 거 다 하고 말도 잘하고 웃기도 잘 웃다가 집에 들어와서는 지 잠만 자는 인간'으로밖에 안 보였다.

사모들이 은혜받는 설교가 진짜 설교라는 우스갯소리가 있다. 매 예배 빠지지 않고 나오다 보니 그만큼 들은 것도 많고, 목사랑 같이 살면서 이 꼴 저 꼴 다 봐서 마음이 팍팍해져서 웬만한 설교로는 그녀들의 귀에 들어가 마음을 울리기가 어렵다는 뜻이다.

나도 목사의 아내로 몇 년 살다 보니 그렇게 됐다.
설교가 너무 은혜로워서 넋 놓고 아멘 하며 듣다가도, '저분은 자기가 설교하고 가르치신 대로 살까? 집에서는 어떤 모습이실까?' 하는 생각이 들면 마음이 그만 싹 식어버렸다.
그게 맘속에서 매 주 일어나고, 부흥회 때도, 다른 교회 유튜브 설교를 봐도 반복됐다.

결국 내 영혼만 피폐해졌다.

내 상태는 어쩌면 교회 안에서는 회복이 안될 것 같았다. 이런 이야기를 성도들에게 나눌 수도 없고, 나는 구역도 여전도회에도 소속되지 않은 자였고, 교회 밖에서는 외지인일 뿐이어서, 어디에도 마음 붙일 곳이 없었다.

상담을 받으러 갈까 생각도 해봤지만 상담선생님의 삶과 말이 일치되지 않을지도 모르는데 그럼 너무 실망스러울 것 같았다. 물론 그걸 내가 확인할 수는 없겠지만, 그래도 확실한(?) 분께 마음을 내려놓고 상담을 받고 싶었다.
그리고 상담선생님이 집에 가서 친구나 가족에게 "오늘 목사 사모라는 여자가 왔는데 말야~ 글쎄 자기 문제 하나 해결도 못하면서 무슨 사역자라고~ 웃기지 않아" 하면서 나를 안줏거리 삼으시면 어떡하나 겁도 났다.

아무도 신뢰할 수 없다는 건 정말 괴롭다.
그런 시간들을 수 년을 보내고 나서야 깨달았다.
그래, 말 한대로 다 지켜내면 이미 그 자체로 신이지.

목사님은 다만 그것이 성경의 가르침이고 본인이 맡은 역할이 강단에서 말씀을 가르치는 것이기 때문에 전하시는 것이다.

목사님도 부족함 많은 인간이라는 것을, 개념적으로는 당연히 알았지만, 막상 결혼생활 속에서 목사라는 직책의 남자와 부대끼고 살며 그 민낯을 여실히 봐버리니, 현실과 이상의 괴리감 사이에서 갈 바를 모르고 표류해 버린 것이다.

성경에서 가르치는 삶이 어떤 건지 알지만 실천이 잘 안돼서 괴로운 회중 가운데 하나인 나와, 많은 사람들 앞에서 본인이 실컷 말해놓고 그대로 못 지키면서 사는 목사님, 누가 더 괴로울까?

생각이 거기에 다다르자
우리 모두 하나님의 은혜가 필요한 사람들,
한낱 불쌍한 영혼들일 뿐이라는 생각이 들었다.

#우리는모두
#주가필요해

기도를 열심히 안 하니까 그런 일이 생기지

믿는 자에게는 인생의 역경과 고난이 일절 없으리니

이 표, 기도하면 주는 건데
안 샀어?

이번 글에서는 고난이 기도와 믿음의 부족 때문인지, 혹은 그 너머의 깊은 의미를 찾아야 하는지에 대한 고민을 나누고 싶다.

기도

> "
> 기도를 열심히 안 하니까 그런 일이 생기지.

아기를 조산할 위기가 생겨서 입원했다 돌아왔더니 이런 말을 들었다. 어떻게 누군가의 아픔이, 한 작은 생명의 위태로움이 웃음거리가 될 수 있는지. 어떻게 목회자라는 사람이 그런 말을 그것도 강단에서 할 수 있는지. 이해가 되지도 않고 알고 싶지도 않았다.

기도 부탁을 할 때 나는 다만 목사님이든 의사든 그 누구든 도와주기를 바랐다. 각자의 가진 기술들이 한 방울씩 모여, 제발 아기가 무사하기만을 바랐다. 기도가 절실하게 필요했다. 내가 드러낸 아픔과 연약함이 책잡힐 일이고 약점이 되리라고는 상상도 하지 못했다.

오직 전도, 오직 심방, 오직 기도

평생을 이 같은 삶의 모토가 있으신 것처럼 사신 분이셨다.
그 연세에도 그런 열정을 가지셨다는 게 대단해 보이기도 했고, 우린 훨씬 젊은데 저만큼 하지 못하는 것에 송구스러웠던 적도 있었다. 그런데 그 불타는 열정이, 함께 동역하는 옆사람을 찌른다면, 그게 옳은 걸까.
이 같은 일은 비단 그 나이 많은 목사님만 그러신 일회성 실언이 아니다.

고난

> "
> 사모가 얼마나 영적으로 강하지 못하면
> 애들이 폐렴에 걸려?

아이가 열이 나서 모임에 빠진 사모님을 두고 다른 분들이 한 말이다. 너무나 아무렇지 않게 마치 그 두 가지가 서로 필연적인 인과관계라는 듯이 말하고, 동조하는 듯한 분위기를 현장에서 본 나는 소름이 끼쳤다.

교회 안에서 자주, 질병은 저주처럼 여겨지곤 한다. 우리는 매주 예배 끝자락에 이런 기도를 듣는다. 악한 병마는 떠나가라_ 그래서 그리스도인이 암이나 희귀 난치병 같은 병에 걸리면 무슨 드러나지 않은 죄가 있을 거다, 겉으로 드러내놓고 말하진 않지만 암암리에 그런 식으로 생각하는 것이다.

하지만 예수 이름 때문에 고난받고 목숨까지 잃어야 했던 많은 선교사들을 비롯한 사도들의 삶이 있었다.
예수님을 믿는다는 것이 삶의 형통함을 무한 제공받는 프리패스 표가 아니라는 걸 기억했으면 좋겠다.

―――
믿음

"
나는 기도했더니 주님이 고쳐주셨어.

이 말은 조심하고 또 조심해야 할 말이다. 듣는 이에게 대단히 큰 상처가 될 소지가 다분하기 때문이다. '그러니 당신은 기도가 부족하다', '믿는 자에겐 능치 못함이 없다고 했는데 당신은 전심으로 믿지는 않았나 보네'. 더 나아가, '그대는 예수님 관심 밖에 있구나' 하는 의미로 전달될 위험성이 있다.

기적은 드물게 일어나기 때문에 기적인 것이고, 그렇기에 가치가 있는 것이다. 기적은 받는 자가 무언가를 했기 때문에 받은 것이 아니다. 요한복음 5장에 이를 뒷받침해 주는 이야기가 있다.

베데스다 연못가에서 38년 동안 누워 있던 남자가 있었다. 매년 연못의 물이 움직일 때 가장 먼저 들어가는 자가 병이 낫는다는 전설이 있었으나, 그는 온몸이 마음대로 움직여지지 않아 온 평생의 가까운 시간을 그곳에 있었음에도 들어갈 수 없었다. 은혜의 목전에 있었음에도 그는 기적을 받지 못하고 그저 예수님을 바라는 것밖에 아무것도 없었다. 그런 그에게 다가와 주신 예수님과의 조우, 그리고 일어난 기적.

그날, 그의 삶에 일어난 기적은 그저 그 자체로 하나님께 영광 돌릴 감사한 일이지, 그가 받을 만해서 받은 것은 아니었다는 말이다. 말 그대로 은혜였다. 선물.

한편 사도바울도 육체의 가시가 낫기를 간절히 간구하였다고 성경에 기록되어 있다. 수차례 간구했으나 그는 '그냥' 나음을 받지 못했다. 그런데 자신의 약함 속에서 도리어 하나님의 능력이 드러난다고 바울은 고백한다. 치유의 역사와 기적이 일어나든 일어나지 않든 우리는 여전히 하나님 안에 있다.

그럼에도 우리들은 무언가를 더 해야지, 더 바짝 단디 믿으란 말이야. 네가 모르는 무슨 회개 거리가 아직도 분명히 있어. 그러니까 그런 거야, 하는 말을 서로에게 너무나 쉽게 한다.

고난거리를 가지고 나왔을 때 반드시 회복될 것이기에 예수님을 믿는 것이 아니다. 이런 식의 태도는 복채를 놓고 무사기원하는 무속신앙과 다르지 않다. 기도와 믿음 생활은 우량주에 투자하는 주식시장이 아니다.

〈믿으면 축복받는다〉라는 관념에 잡힌 사람들은 때로 인생길 위에서 아픔과 시련이 올 때 믿음을 저버리게 되고 마는 것이다. 더 큰 문제는 본인이 잘못 믿은 결과로 본인 믿음 잃는 건 괜찮으나, 그 잘못된 믿음이 옆 사람을 찔러, 주변을 다 멍들게 하고 실족케 한다는 것이다. 참으로 안타까운 일이다.

우리가 고난받는 이유를 항상 알 수는 없다.

사람들은 "나의 길 오직 주가 아시나니 그가 나를 단련하신 후에 내가 〈정금같이〉 나아오리라" 구절을 좋아한다. 그 고백을 하기까지 욥이 이루 말할 수 없는 억까를 당했음을 기억하지 않는 것 같다.

우리는 보통 정금 같아지기보다는 욥의 세 친구들 같다. 이렇게 이러쿵저러쿵 글을 쓰고 있는 나도, 어쩌면 평가하는 욥의 친구들과 매한가지일지 모른다.

'그저 입만 살아서' 얼마나 많은 사람들에게 상처를 줬던가. 산 위에서 동네를 내려다보면 교회가 편의점보다 더 많다는 시대이다. 그만큼 크리스천들이 많다는 뜻일 텐데, 어찌 된 영문인지 개신교인에 대한 사회적 반발심 또한 펄펄 끓는다. 성경은 그리스도인을 세상의 빛과 소금이라 칭하고 있는데 이상하다. 많은 사람들은 우리들을 암덩어리 같은 존재로 보고 있다. 소금이 너무 많아서 짜서 그런 걸까?

  범사에 기뻐해야지, 예수님 한 분으로 만족해야지.
  이 말은 고난당하는 자를 바라보며 누군가 '해줘야 할 말'이 아니라 오직 고난을 통과한 자만이 고난의 끝에 겨우 고백할 수 있는 대사이다.

  대사 프롬프터(연극을 공연할 때 관객이 볼 수 없는 곳에서 배우에게 대사나 동작 따위를 일러 주는 사람)들이 너무 많아서, 교회(예수 그리스도)가 욕을 먹는다. 잘못은 애먼 데서 짓고 교회 와서 회개한다. 참 간편하다.

  믿는 각 사람 안에 성령님이 내주하시므로 성령님께서 친히 깨닫게 도와주신다면서 욥의 친구들은 '사랑하니까' 끈질기게 알려주고 또 알려준다. 교회에도 파레토 법칙이 적용된다. 20퍼센트의 골수분자들이 80퍼센트의 목소리를 담당하신달까.
  어릴 적 티비에 "오늘은 내가~ 꼬마요리사!"를 외치던 똑똑박사 노희지 양이 있었다. 오늘날 교회 안의 "오늘은 내가~ 주님 뜻 척척박사"님들을 보면 '노희지 어린이는 귀엽기나 했지…'

생각이 들곤 한다.

교회의 머리 되시는 예수님의 뜻을, 몸 된 교회와 교회에 속한 나는 얼마나 따르고 있을까?

목회자 스캔들이 터질 때마다, 저기는 이상한 교회야. 우리들이랑은 다르지. 저 교단이 원래 좀 그렇지_ 저들과 나랑은 다름을, 그러니 나는 무고함을 주장하고 싶어 하지는 않았나.

말세가 되면 원래 이단이 많아진댔어. 말세야 말세. 이런 말 참 많이 들었다. 예수님도 성전에 들어온 잡상인들을 화끈하게 뒤엎으셨는데 작금의 교회를 흐리는 자들을 향해 우리는 그리고 나는 왜 '말세야'만 한탄하며 침묵하고 있었는가.

밖에서 볼 땐 그 밥에 그 나물일 뿐이고, 그냥 '교회들이 말썽'일 뿐임을.

우리가 진정 무릎을 꿇고 엎드려야 할 때는 유명 강사의 부흥 집회 때가 아니다. 교회에서 상한 밥이 제공된 바람에 영적으로 배탈 난 사람들이 생겼을 때가 아닐까.

우리는 교회의 모습에 책임이 있으며, 그 안에서 상처받는 이들을 위해 더욱 주의해야 한다.

무수히 많은 예배에서 숱하게 설교를 듣고 있노라면 피로감이 들 때가 있다. 다 좋은 말씀이고 맞는 말이다. 그런데 그런 흠 잡을 곳 없는 설교는 흠도 없지만 힘도 없다. 성경을 지식적으로 접근해서 가르쳐 주시는 말씀도 필요하고 귀하다. 그러나 일상으로 돌아갔을 때 계속 생각이 나고 마음을 두드리며 삶의 변화를 일으키는 설교는 따로 있다. 말씀이 설교자를 읽은 것 같은 설교, 말씀이 그를 통과하고 지나간 후에 고백하는 설교가 진짜 힘이 있다.

입술에서만 울리는 소리는 힘이 없다. 성경이 우리를 읽게 해야 한다. 고난은 우리가 삶을 바라보는 눈에 깊이를 더해준다.

이스라엘 백성들은 힘든 일을 겪어내는 태도가 바르지 못해 40년을 광야에서 떠돌았다. 그들은 눈앞에서 바다가 갈라지는 〈기적〉을 경험했지만 하나님을 온전히 알지 못했다.

하나님은 때때로 우리의 부름에 응답하지 않으시는 것처럼 느껴진다. 우리 눈에 보이지 않으시기 때문에 이럴 땐 하나님 계시긴 한 건가 의문이 들기도 한다. 이스라엘 백성들은 기적을 경험한 바로 뒤에 삶으로 돌아와 여전히 불평하고 금송아지를 만들었다. 기적을 경험하는 것보다, 하나님을 온전히 아는 것이 더 중요하다. 삶에 놀라운 기적과 간증 거리는 없을지라도 성품이 다듬어지는 것이 훨씬 더 아름답고 귀하다.

광야로의 부르심은 벌이 아니다. 하나님을 더 깊이 이해하고 신뢰하도록 배우는 과정이다. 고난은 우리로 하여금 하나님과 독대의 자리로 부르시는 것이고, 교회는 우리가 함께 신앙을 나누는 거대한 가족이어야 한다.

소문난 맛집에 직원들 서빙이 형편없어서 이제는 오래된 단골손님밖에 오지 않게 된 것은 참으로 애통하고 가슴을 칠 일이다. 우리 사장님 정말 속상하실 일이다.

#믿음의 하이패스
#설치만 해 두시면 딩동. 통과입니다?

애 낳을 때 남자는 기분만 냈지 뭘!

아기 낳은 날마다 남편이 없었던 사연

◆ ◆ ◆

아이를 두 번 임신하고 출산했다.

1호를 낳은 날은 금요일 새벽 동이 틀 무렵이었다. 아기를 낳았다는 소식을 듣고 담임목사님이 새벽예배를 마치자마자 심방 대원들을 꾸려서 내 병실로 오셨다.

밤새 아기 낳느라 땀이 뒤범벅인 채 아직 세수도 못하고 물도 한 모금 마시지 못한 참이었다. 회음부가 불편하고 아픈데, 목사님은 한참 동안 찬송을 부르고 설교를 하셨다. 무슨 말씀을 하셨는지 하나도 귀에 들어오지 않았다. 그리고 목사님이 가시는 길에 우리 남편도 달랑달랑 따라가, 금요철야예배까지 교회에 있었다.

퇴원을 하는 날은 주일날이었다.

병실을 열한 시에 빼야 하는데, 그 시간은 주일예배가 시작되는 시간이었다. 사역자가 우리 남편 한 명도 아닌데 담임목사님 설교 중에 잠깐 자리를 비우는 것도 허용되지 않았다. 병원에서라도 그날은 신규로 올라오는 환자도 없는데 조금 봐줬으면 좋았으련만, 퇴실시간이 엄격했다.

밖은 눈이 펑펑 오고 있었고 지금처럼 코코아택시 앱 같은 것도 없던 시절이었다. 나가서 기다렸다 택시가 오면 손을 들어 잡아야 했다. 언제 올지 모르는 택시를 잡으러 눈밭에 아기를 안고 짐가방을 둥개둥개 이고 지고 나가있을 수가 없었다. 고작 사흘 새에 짐이 어찌나 많아졌는지, 회음부 방석에 아기 기저귀 가방에 VIP 되신 아기까지! 혼자서는 역부족이었다.

그래서 예배가 끝날 때까지 무려 한 시간 반을 아무도 없이 휴일이라 난방도 들어오지 않아 썰렁한 산부인과 로비에서 아기를 품에 안은 채 남편을 기다렸다.

교회 안에 살았는데, 예배 끝나고 데리러 온 남편과 집(=교회 본당 건물)에 들어서자 식사를 마친 성도들이 다들 아기 한번 만져보자고 다가오셨다. (낳은 지 이제 55시간 된 아기어요)

2호를 낳던 날은 우여곡절로 인해 제왕절개를 했고, 갑자기 태어난 아기라서 친정시댁 아무도 와줄 수 없는 상황이었다.

수술 후 병실에 올라가서 몇 시간이 지나면 첫 소변을 누러 가야 하는데, 남편은 성도 누구네 결혼식에 간다고 다른 도에 가고 온종일 부재중이었다. 나 혼자 후들후들 대는 온몸을 벽에 문지르며 화장실을 갔다. 배를 한 뼘 남짓 갈랐을 뿐인데 전신이 이렇게 무겁고 사지가 떨릴 수가 없었다. 소변을 누는데 흐앗 하는 기합이 필요했다. 몸이 일으켜지지가 않아서 이를 악물고 변기에서 겨우 일어나 다시 온 얼굴과 몸을 벽에 문지르며 침대로 돌아왔다.

그다음 날도 주일이라 나는 혼자 병실을 지켰다.

남편이 마음과는 달리 어쩔 수 없었다는 걸 안다.

그렇지만 내 마음이 슬픈 건 슬픈 거고 힘든 건 힘든 거다.

부목사가 여섯이나 되는 교회에서, 그날 그 결혼식에 대신 가줄 사람이 없었다는 게, 그래서 부임한 지 한 달도 안 된 목사가 사실 성도랑 아무런 애착도 히스토리도 없는데 그 자리를 지키러 도를 두 개나 넘어서 하루 종일을 들여서 갔어야 했다는 게 애석할 뿐.

#부목사의 삶

#성도들은 목사랑 사모가 초인인 줄 알아

#자기 자식이 태어나도

 성도네 집 애경사가 먼저일 수밖에 없는

잘되면 내 탓, 못되면 네 탓

부목사는 동네 북

✦ ✦ ✦

한 성도님의 가정이 교회를 떠났다.

교회를 떠나는 이유를, 차마 담임목사님께 말씀하기 곤란해하셨다. 목사님께 상처받아 옮기신다는 얘기를 면전에 대놓고 할 강심장들은 많지 않다. 결정하시면서 부목사에게 이제 그만 나오겠다고 전화로만 살짝 말씀하시고 떠나셨다.

소식을 들으신 담임목사님께서 목회사무실에서 부목사들에게 한바탕 화를 내셨다. 그러게 너희들이 좀 더 자주 심방하고 전화하고, 미리미리 관리를 잘 했어야 했다고 아주 혼을 내셨다.

담임목사님 때문에 마음이 어려워져서 교회를 떠나지, 조만간 바뀔 부목사 때문에 여태껏 쌓아온 자기 인맥 다 버리고 교회를 떠날 사람이 누가 있나요.

성도님과의 통화 내용을 속 시원히 공개할 수도 없으니, 그저 성도들 [관리] 못 한 무능한 부목사가 될 뿐이었다.

—

주중 예배, 새벽 예배에 참석 인원이 줄어들면 바로 사무실로 소집이다. 성도들 앞에서 너희들이 얼마나 열심히 본을 보여야 하는지 강론하신 후, 이어지는 말씀.

"O장로님네 심방 간다."

늦은 밤이든 아침 식사도 하기 전이든 상관없다. 장로가 돼서 빠지면 되느냐 심방을 가장한 고상한 잔소리가 이어진다.

장로님과 권사님의 피곤한 얼굴과 담임목사님의 질책 속에서 나는 매번 그 부담을 함께 느꼈다.

'우리 성도님들 참 착하시다. 나 같으면 여기 안 다닐 거야.'

그 교회 있을 때 자주 한 생각이다.

> "사모님,
> 성도들이 '오늘도 OO이 보러 교회 가야겠다~'
> 이렇게 생각이 들어 아침 일찍 교회 오고,
> OO이 보고 싶어서 주일학교 교사도 하게끔
> 사모님이 잘해야 해.

세상에 부목사 애 보러 교회를 오는 게 말이 되나요.

성도들의 신앙의 동기와 믿음의 수준을 대체 얼만큼으로 생각하시는 건지. 본인이 평생 일궈온 목회 현장을 스스로 깎아내리는 듯한 말씀에 놀랐다.

—

90년대생 이하 젊은 나이의 교육부서 전도사님들이 여기는 더 있고 싶지 않다며 여름사역이 코앞인데 돌연 사임을 해버렸다. 좁디좁은 이 바닥에서 앞으로 어떻게 하려고 하느냐는 겁박도 통하지 않았다. 젊은 전도사를 청빙하는 데 어려움을 겪은 건 오히려 교회였다. 담임목사님이 호랑이라는 소문이 어디에 나기라도 한 건지, 지원자가 들어오지 않았다. 아는 후배가 있으면 추천하라는데 글쎄 누구를 여기에 추천해야 할지, '추천'의 뜻을 생각하니 차마 그럴 수 없었다.

그렇게 갑자기 공석이 되어버린 주일학교 사역은 부목사가 이리 뛰고 저리 뛰며 메꾸었다. 수고한다 소리 한마디 듣지 못하고.

#Y세대는 위에서 치이고 밑에서 들이받치는
#알 수 없는 일이 (WHY) 많이 일어나는 세대
#이리 밀리고 저리 밀려서 밀레니얼 세대인가?

#다 그러신 건 아니에요
#놀랍게도_이게 다 한분이 하신 말
#수많은 어록을 남기신 M목사님

애기가 더운지 추운지,
제가 한번 물어보고 올게요

끝없는 잔소리의 반복

◆ ◆ ◆

어린아이를 데리고 교회를 가면 많은 분들의 관심을 받게 된다. 시골에서는 "새사람 왔네~ 아이고 반가운 새사람~"이라는 표현을 쓰셨다. 빠르게 진행되는 고령화사회, 한층 더 가파르게 진행되는 교회인구 노령화로 온천지에 낡은 사람 헌 사람들 속에서 우리 [새사람]은 언제나 관심 집중 핵인싸였다.

하지만 핵인싸의 숙명은 따로 있었으니, 많은 분들의 반가운 시선을 한 몸에 받는 것으로 끝나지 않았다. 아기를 안고 교회 복도를 쭉 걸어 들어가면 애기가 덥다 모자 벗겨라, 춥다 양말 신겨라, 끝없는 잔소리가 반복된다. 모두 같은 날에 같은 아이의 같은 옷 착장 상태를 보고 하시는 말씀들이다.

아기를 그렇게 안으면 안 된다, 고개를 받쳐야지 등의 조언도 아끼지 않으셨다. 아직 고개도 못 가누는 아기를 데리고 벌써 교회에 나왔다는 게 문제라는 걸 아무도 생각하지 못하셨다. 그저 고개만 잘 받쳐주면 아직 여물지 않은 아기의 척추와 고관절, 그리고 산모의 어깨 허리 손목은 예배시간 내내 정녕 괜찮단 말인가요?

아기 머리가 새까맣게 숱이 많아지고 개월수가 충분히 익어서 남편이 기저귀가방을 들어주고 함께 교회에 처음 나와 기도를 받는 집사님들을 보면 참 부러웠다. 사모인 우리들은 교회에선 생과부였다. 남편의 도움을 전혀 받을 수 없기에 충분한 조리와 휴식이 필요함에도 왜 4주씩이나 쉬냐 대체 언제 나올 거냐 닦달을 들어야 했다. 한 번 복귀하면 그 후로는 독감이 유행해도 장염이 돌아도 모든 공예배에 빠짐없이 출석해야 함을 의미했다.

핵인싸가 짊어져야 하는 왕관의 무게 때문에 매주 교회에 갈 때마다 스트레스를 받던 어느 날이었다. 남편 동기모임엘 따라갔는데, 우리보다 먼저 일찍 결혼해서 아이를 꽤 키운 사모님이 참석했다. 그리고 어린애를 안고 온 나를 보더니 불쑥,

> "교회 가면 애 입혀라 벗겨라 계속 반복하죠?
> 난 그래서 양말에 잠바에~ 항상 도라에몽 가방처럼
> 챙겨서 다녔잖아. 권사님이 뭐라고 하시면 예 예 하면서
> 바로 보시는 그 자리에서
> 원하시는 대로 입혔다 벗겼다 했어~

하시는 게 아닌가.

정말 빵 터져서 한참을 웃었던 기억이 난다.

"근데, 애들 좀 커지면 관심이 덜 해져. 조금만 힘내요, 사모님." 하셨다.

예상치 못한 곳에서 위로와 힘을 얻었다.

이 글을 발행하기 전에, 내 안에 여러 가지 걱정과 두려움이 있었다. 남편은 내 글이 이전에 없었던 글이며 누군가에게 꼭 필요한 글이라고 격려했지만 나는 자신이 없었다. 감히 아무도 하지 않았던 이야기이기에 꺼내기가 쉽지 않았다. 담임 나가고 안전해지면(?) 쓰는 게 어떨까 하는 우려도 들었다. 하지만 팝

콘처럼 터져 나오는 이야기들을 누르고만 있을 수가 없었다.

 글의 장르를 바꾸는 게 나을까 싶기도 했다. 나와 나를 비롯한 등장인물들을 보호하기 위해, 에세이가 아닌 소설로 바꾸면 어떤가 생각도 해봤다. 글의 장르가 바뀌어도 그 안에 담길 내용은 같을 테지만.
 그런데 창작물이 되면 '의도'가 무엇이냐를 논하게 될 테니 또 겁이 났다. 모두가 다 있었던 일과 들었던 말, 그리고 그 속에서 치열하게 성장해온 '나'를 담은 것뿐인데, 기독교인들을 욕먹이고 폄훼하려는 것으로 오해받겠다는 생각이 들었다.
 결국 에세이로 쓰기로 했다. 글에 나를 담기로. 에세이만이 주는 분명한 힘이 있다고 생각했다.

 나는 이 글들에서, 그 누구의 이야기도 아닌 나의 이야기를 담고 싶었다. 사랑 하나 믿고 겁 없이 덜컥 발을 들였던 부족함 많은 나의 우당탕탕 성장기를 그려내고 싶었다. 그리고 나 같은 또 누군가를 만나고 싶었다. 말로 못 할 갑갑함을 짧은 글솜씨로 펼칠 테니 글을 읽으며 누군가 '어머, 나도 그래!'하고 공감해주시기를 바랐다.

[그 많은 목사의 아내들은 다 어디로 갔을까?]라는 브런치북은 그렇게 세상에 나오게 되었다.

산 위에서 동네를 내려다보면 편의점보다 교회가 많다는 시대에, 교회마다 목사님이 한 분 이상씩 계시는데 그 숫자만큼 많은 목사의 아내들은 다 어디에 있을까? 내가 그렇듯 다들 나처럼 어딘가에서 조용히 숨죽이고 계시겠지. 그녀들을 만나고 싶었다.

혼자 있기를 편안해하고 씩씩하게 살아온 나로서도 사모의 삶은 견디기 힘든 깊은 외로움과의 싸움이었다. 무연고지에서 이전에 한 번도 감당해 보지 않았던 역할들을 감당하며 홀로 느낀 외로움과 고단함이 내게 큰 상처였다.

도라에몽 가방을 들고 다녔던 사모님의 이야기와 삼십 년째 적응 중이라는 선배 사모님의 말씀은 내 속을 뻥 뚫어주었다. 공감의 힘은 그런 것이다.
상황은 바뀌지 않았고 문제 해결도 묘연할지라도, 이게 나만 그런 게 아니라는 공감만 되어도 버텨낼 용기와 힘이 생긴다는 걸 느꼈다.

#화이팅

#아이들은 오늘도 자라고 있으니

#얘들아 빨리 커서 헌사람 되거라

비밀의 숲에서 만나 사랑을 했네

몸에 불이 붙을지 몰라, 조심해

◆ ◆ ◆

많은 사모님들이 모인 곳에 가면 두 가지 놀라움이 든다.

첫 번째는 '역시 연륜이 깊으신 사모님들이 하시는 기도와 찬양은 특별한 에너지가 있구나. 이 공간에 함께 있는 것만으로도 그 힘에 압도되어 눈물이 절로 나온다.' 하는 경외감. 그리고 두 번째는 '아니, 저분이 사모님이시라고?' 하는 의아함이다.

척 봐도 고급스러운 태도와 온화한 얼굴표정이신 분과 그냥 생활에 찌든 신경질적인 아줌마 같은 분으로 극명하게 나뉘는 것 같다. 예수님이 그 안에 계시는 거 맞나 싶은 표정을 짓고 계신 분 말이다.

그런 자리를 참석하고 집으로 돌아오는 길이면, 나중에 나는 어떤 어른이 되고 싶은가 생각하게 된다. 사모님들의 얼굴과 아우라가 그토록 다른 것은 어디에서 비롯된 것일까?

주와 같이 길 가는 것
즐거운 일 아닌가
우리 주님 걸어가신 발자취를 밟겠네

어느 날 예배 중이었다. 이 찬양을 부르는데, 내 속에서 누군가 큰 소리로 외쳐댔다.

"
즐겁지 않다, 나는 전혀 즐겁지 않아!!!

매우 당황스러웠지만 일단 계속 웃으며 손뼉 치며 찬양을 부르고 예배를 끝까지 드렸다. 집에 돌아와 생각하니 오늘 내가 드린 예배는 쓰레기 같았다. 하나님께서 전혀 기뻐하시지 않을 것 같았고, 오히려 슬프실 것 같았다.

나는 왜 기쁘지 않았을까?

청년으로 신앙생활을 하던 시절에는 담임목사님도 청년부목사님도, 모두 은혜로움 그 자체였다. 매 예배가 감사가 넘쳤고 교제에는 사랑이 있었다. 온 주말을 바쳐 내 시간과 재능을 드리는 것이 영광이요 기쁨이었다.

  하나님을 더 알고 싶었다.
  선교단체에서 하는 학교에 들어갔다. 거기서 2년을 머물며 훈련과 공부를 했다. 하나님을 알고, 하나님을 알리는 삶을 사는 사람이 되고 싶었다.

  그러다 남편을 만나 '찐사랑'에 빠졌다. 하지만 난 살면서 사모라는 길은 한 번도 상상해 본 적 없었을뿐더러 자신도 없었다. 그런데 "오빠가 다 책임진다"는, 30년 후에나 지킬 수 있을까 말까 한 달콤한 말을 믿었고, 결국 그 길에 덜컥 발을 들이고 말았다. (그때 결혼을 선택한 나 자신, 도망쳐~ 너는 결코 준비될 수 없을 것이다)

  그렇게 목사님들의 여러 얼굴을 보는 삶으로 쑤욱 끌려들어온 나는— 장로님들 눈치를 보시느라 할 말도 못 하고 부교역자들을 보호해주시지 않는 목사님, 앞에서는 공동체의 하나 됨을 강력히 외치시지만 뒤에서는 누구보다 편을 가르고 내 사람 니 사람을 구분하는 목사님, 성령의 역사하심을 강조하시지만 실은 자기 계획이 다 있으신 목사님, 부목사에게는 이곳에 오랜 시간 머물며 한결같은 충성을 요구하시면서 본인은 더 큰 교회 담임으로 나가시려고 기회만 엿보시는 목사님, 교회의 크기가 결코 목회의 깊이와 비례하지 않는다고 입술로는 말씀하시지만 부목사들을 여럿 거느리신 것을 은근히 자신의 자랑삼으시는 목사님, 부목사를 순종적으로 말 잘 듣는 사무원쯤으로 여기시는 목사님- 등을 겪으며 정신을 차릴 수가 없었다. 도저히 적응이 안 됐고, 적응하고 싶지도 않았다.

앞에서 보여주시는 표정과 뒤에서 하시는 말씀이 다른 것- 이런 것이 목사의 삶이고, 사모의 삶이라면 살고 싶지 않았다. 주중에 목회사무실에서 보여주시는 다른 얼굴을 아는데 성도들 앞에서는 이렇게 행동하시는 그런 경험이 누적될수록 가슴속에 돌덩이가 짓누르는 것 같은 설명할 수 없는 갑갑함을, 그 무렵의 나는 매 순간 느끼며 지냈던 것 같다. 날마다 더 깊은 심연으로 한없이 침잠하는 기분이었다.

그 무렵 우연히 〈업사이드 다운〉이라는 영화를 보게 됐는데, 얼마나 울면서 봤는지 모른다. 정반대의 중력이 존재하는 세계에 각기 살던 두 남녀가 우연히 두 세계가 가장 가까이 맞닿은 비밀의 숲에서 만나 운명적인 사랑을 하게 되는 이야기다. 다음은 그때 영화를 다 본 후 메모장에 기록했던 글이다.

우리는 같은 하늘 (예수님을 믿는 믿음,
오빠와 나 신앙의 색깔)을 바라보고 있었고
하늘 어딘가, 우리의 세계가 맞닿은 비밀의 숲에서
마침내 만나 사랑을 했지만
안타깝게도
각자를 끌어당기는 중력이 다르니
당신이 이쪽 나라로 오려면
결국 몸에 불이 붙고 말 거야....

영화 <Upside Down, 2012> 포스터
이미지출처 뮤비포토

영화 속 두 남녀주인공이 꼭 남편과 나같이 느껴졌다. 너무나 애틋하고 슬퍼 숨이 막힐 지경이었다.

주변에 그렇게 남편 목사님의 세계에 따라가 보려다 중력이 맞지 않아서 실제로 불이 붙어버린 사모님들을 보기도 했다. 사모로 사는 삶이 너무나 무리가 되어서 몸에 병이 온 분도, 정신에 무리가 온 분도 계셨다.

뭐든지 다 좋아 보이던 신혼을 지나고, 질풍노도의 권태기를 지나 우리는 이제 진정 서로의 마음을 느끼고 조율이 되어 가고 있지만 아마 이 길은 사랑만으로는 함께 가기 어려운 것이었을까.

남편은 유치원을 다닐 때부터 목사님이 되는 게 꿈이었다고 했다. 매 예배 때마다 담임목사님께 쪼르르 달려가 머리에 손 얹고 기도해 달라고 조르던 어린이였다고, 그리고는 친구들에게 안수기도를 해 주던 영적인 어린이였다고 했다. 그에게서 평생의 꿈을 빼앗을 순 없었다. 그가 꿈을 버리고 나를 선택한다면 그것 또한 기쁘지 않을 것 같았다. 다리를 부러뜨려 새장에 넣어놓은 새나 다를 바 없지 않겠는가.

당신 갈 길은 이미 정해져 있고 나는 그 길에 맞지가 않으니 우리는 이쯤에서 이만 정리를 해야 할 것 같다고_ 당신이 꼭 나를 선택하지 않아도 충분히 이해하기 때문에 받아들이겠다고_ 우리 각자 갈 길을 가면서 아이 부모로서의 역할만 함께 하자고_ 삼켜도 미처 다 삼키지 못한 울음을 끅끅 누르며 말했다.

남편은 그것은 우선순위가 뒤바뀐 말이라고 했지만_

나는 남편의 꿈을 접게 하면서까지 내 쪽으로 당길 수는 없는 거라고 생각했다.

연애할 때 남편이 자기는 선교사로도 나갔다 오고 싶은 마음이 있다고 했을 때, "응 오빠 다녀와. 내가 한국에서 아기들 잘 키우며 씩씩하게 있을게. 나는 '보내는 선교사'로 부르심을 받았어." 이와 같은 단호박으로 대답했던 나였다.
그 후로 선교사 이야기는 자취를 감추고 쏙 들어갔는데, 또 남편을 잡아당기고 싶지는 않았다.

그렇지만 나는 나도 너무 소중했다.
긴 고민 끝에 내가 생각한 답은 이혼이었고 남편은 지금은 우리가 헤어질 때가 아니라고 했다. 서로를 향한 우리의 마음이 달라지지 않았는데 그런 바보 같은 소리 말라더니, 그로부터 얼마 지나지 않아 사역지를 옮겼다.

그리고 그만큼 힘든 곳은 다시없었다.

나는 나를 지키기 위해 또 신앙을 잃어버리지 않기 위해, 그리고 사랑하는 남편을 놓치지 않기 위해, 사람과의 관계 안에서 실망하고 상처받지 않는 법을 오늘도 계속 배워가는 중이다.

#이 길로 나를 부르신 주님
#넉넉히 감당할 어깨를 주소서

나는 외톨이야 외톨이야

군중 속 외로움

✦ ✦ ✦

외동으로 나서 자라왔기에, 인생은 어차피 혼자구나 친구도 그때뿐이구나 하는 걸 어려서부터 삶으로 체득했었다.

사람들의 사는 모습을 관찰해 보니, 인생길에서 부모 형제 친구 배우자 ― 결국 그 누구도 평생 가는 건 없나 보구나 싶었다.
결국 우린 각자 태어나서 살다, 각자 자기의 때에 죽게 된다. 그러니 모두 다 찰나의 놀이터에서 만나 잠시 함께 놀다 헤어지는 것뿐이구나. 어쩌면 내가 진짜 행복해지고 자유해지는 순간은, 혼자 있어도 충분히 즐거운 나로 온전히 설 수 있을 때 비로소 오겠구나.

―

우리 엄마는 나를 낳고 의료사고로 장과 자궁이 함께 여며져

버렸을 때, 어쩌면 오래 살지 못할지도 모른다는 생각을 하셨다고 한다. 그래서 어린 나를 강하게 키우셨다. 아주 혹독한 스파르타였다.

세 살 때 나는 벌써 목욕탕에 가면 알아서 쪼그려 앉아 샤워기로 착착 엉덩이를 씻고 탕에 들어가 아주머니들의 탄성을 자아내는 아이였다. 엄마가 머리를 감겨주면 그게 더 얼굴로 물이 쏟아지고 힘들어서 내가 기억하는 가장 어린 시절부터 그냥 혼자 머리를 감고 샤워를 다 했었다.

어릴 적을 떠올리면, "어쩜, 우리 다비는 이런 것도 그렇게 어른스럽게 잘하니. 기특해라" 하며 대견하게 나를 바라보시던 어른들의 표정이 떠오른다.

1학년 때는 개봉에서 마을버스를 타고 지하철역 앞에 내려, 역무원 아저씨께 노란색 종이표를 끊어 1호선을 타고 신도림역에서 2호선으로 환승하여 순환열차의 방향을 옳게 타서 교대까지 갔다가, 출구번호 찾아나가 골목길을 한참 걸어가, 일정을 마치고 다시 되돌아오는 것까지 할 수 있었다.

그때는 어른들도 휴대폰이 없던 시절이었다.

내가 부모가 되어보니 아이를 조 앞에 훤히 보이는 초등학교에 등교하라고 내보내 놓고도 어떻게 잘 간 건지 만 건지 가슴이 졸여지고 그렇던데, 엄마는 그때 어린 딸에게 들려 내보낼 폰도 없이, 한번 나가면 아이가 집으로 돌아올 때까지 어떤 맘으로 버텨내셨을까. 의지가 정말 대단하셨구나 하는 걸 비로소 알게 되었다.

그 당시에 가장 혼란스러웠던 기억은 지하철 안에서 이쪽으로 서면 이쪽이 오른쪽이고 저쪽으로 서면 이쪽이 왼쪽이 되는데 대체 '내리실 문'의 방향을 어떻게 알 수 있느냐 하는 것이었다. 키가 작고 몸집이 말랐던 어린이였기에, 내리실 문 앞에 미리 가서 서 있어야 타고 내리는 어른들의 소용돌이 속에서 타이밍 놓치지 않고 내릴 수 있는데 말이다.

나는 내적 세계에 천 개의 필터링 그물을 가진 애니어그램 1번 유형이라 아마 가만히 놔두었어도 딱히 잔소리할 일 없었을 텐데, 그때는 이런 성격유형이나 기질검사 같은 개념이 없었던 시절이었다. 엄마는 자기가 언제 부재중이 될지 모르니 만약의 그때에 의지할 곳 없이 외동인 내가 이 험한 세상 잘 헤쳐나가라는 뜻을 품고 아주 똑 부러지게 키우셨다.

그리하여 나는 1학년 때 학교에 입학하고 반 아이들을 보니 유치원도 다녔었다는 녀석들이 아직도 혼자 화장실도 못 가고 가방도 단디 못 챙기고 음식도 흘리면서 먹고 책상 밑으로 지우개며 연필이며 물건을 자꾸 흘리는 그런 모든 모습들_ 여덟 살짜리 아이라면 누구나 가진 모습들이 깝깝했고 매우 한심해 보였다.

외동이라는 출생 순서와 엄마의 건강에 따른 긴장된 상황, 내가 본래 가지고 태어난 기질과 성격은 나를 더욱더 독립심 있는 아이로, 스스로를 잘 통제하는 아이로 만들었다. 혼자 있어도 크게 심심하다고 느끼지 않았다. 머릿속에 항상 생각할 거리들이 많이 떠올랐었기 때문이다. 난 다 계획이 있었다.

—

이렇게 스파르타로 마치 해병대처럼 오와 열을 맞추어 인생 독고다이로 살아온 나는 결혼 후 바로 다음날 아침, 그러니까 첫 번째 주일부터 외톨이로서의 삶을 한층 더 심화반으로 들어가게 되었다.

결혼 전에는 내가 서점이든 김밥천국이든 혼자 있어도 눈에 띄지 않았고 그저 군중 속의 한 명이었는데, 결혼을 하고 나니 '이전도사님 사모님'으로 모든 분들이 다 나를 알고 계시고 곁눈으로 쳐다보시는 상황이었다. 그런데 또 막상 와서 말을 붙여주지는 않으시는.

매 예배와 모든 행사를 참석하지만 사모는 속한 곳이 없다. 가장 교회를 잘, 많이 가는 핵인싸라고 할 수 있는데 정작 어디에도 소속되지 않은 희한한 상황.

이곳은 내가 다니던 교회가 아니고, 스스로 고른 곳도 아니다. 나는 이제 교회에서 다비자매도, 교사도, 청년도 아닌, 내 이름을 잃고 남편 따라다니는 1+1이라고 많이 느꼈다. 휴지 36롤 사면 덤으로 붙여주는 고무장갑처럼.

똑소리 나게 혼자 해내는 것이 익숙했던 나는 결혼 이후로 새로운 역할과 자리에 적응해야만 했다. '덤으로 사는 삶으로의 부르심'이었다. 보통 이 말은 모든 것이 주님의 은혜요 섭리였음을 고백할 때 쓰는 말이나, 내게는 아니었다. 나의 정체성을 잃고 있는 듯 없는 듯 나를 죽이는 삶을 의미했다.

'덤'으로 사는 삶이 익숙한 것 같다가도 가끔 속상함이 치밀 때가 있다. 가만 생각해 보니 속상함의 대부분은 남편에게서 비롯된다. 남편과 사이가 냉랭할 때라든가 남편이 나를 보고도 인사를 안 하고 쌩 지나갔을 때라든가.

'당신을 사랑하는 맘 하나로 이러고 살고 있는데 나한테 어떻게 이래?' 싶은 거다.

친구가 가까이 살길 하나요
친정이 여기서 가깝길 한가요
마음을 나눌 구역식구가 있길 한가요
남편밖에 없거든요
하 참
혼잣말을 한다.

긴 건 기고 아닌 건 아닌, 똑 부러진 나는 별별 사람들이 다 모인 곳인 교회 안에서 모두에게 유연하게 대응하는 게 많은 에너지를 들여야 하는 일이며 어렵다. 속으로 순간순간 욱하고 만다.
혼자 하는 게 익숙하고 영원한 관계는 없다고 여기는 나는 할 일 없이 카페에 앉아 시답잖은 수다를 떠는 건 정말 시간이 아까운 일이라고 생각하는 사람이다.

나를 교회에서만 보신 분이 이 글을 읽으시면 '어머, 그런가? 전혀 몰랐는데' 하실지 모른다. 그러니 내가 매 순간 얼마나 살얼음을 걷는 것처럼 긴장하고 있는 것인가 말이다.

점점 연차가 쌓이고, 우리 엄마보다도 나이가 많으신 권사님들 집사님들과 어떤 주제로 어떻게 리액션을 하며 대화를 핑퐁 핑퐁 주고받는지 적응이 되어갔지만 난 여전히 이 괴리감을 못 견뎌하는 것 같다.

하하하 어머 권사님~~~ 호호 하하~를 많이 하는, 그런 시간을 갖고 집에 오면 아주 깊은 현타가 옵니다.

#혼자인데
#혼자가 아닌 것이
#그런데 여전히 혼자

#나한테 잘하라고 자기야

이 동네 사람들은
누가 어디 사는지 다 알아?

사택이에요 하니까 짜장면이 뚝

✦ ✦ ✦

시골교회로 사역지를 옮기고 이사한 첫날, 우리 집은 아직 짐을 푸느라 난리북새통이라 다른 부목사님 댁에서 다 같이 얼굴도 익힐 겸 함께 식사를 했다. 각자 개인메뉴를 고르자, 대표로 집주인 목사님께서 중국집에 전화를 하셨다.

"여기 사택인데요, 짜장 3개 짬뽕 2개 볶음밥 4개랑 탕수육 대자요."

이럴 수가, 이렇게 다짜고짜 본론을 말한다고? 주문할 게 많아서 주소 말씀하시는 걸 깜빡 하신 건가?
그런데 통화를 다 같이 듣고도 아무도 목사님께 주문 덜 넣었다고 얘기를 안 하시네?
설마, 이 동네 사람들은 누가 어디 사는지 다 알아?

대충격이었다. 이 동네에 교회가 한두 개도 아니고, 그보다 더 여러 개의 사택이 있을 텐데? 아하, 이 목사님은 엄청난 짜장면 애호가셔서 중국집 VIP이신가 보다! 그렇게 생각하기로 했다.

건물이름과 동 호수를 알려주지 않았는데도 철가방 아저씨는 잠시 후에 초인종을 누르셨고, 주문한 대로 메뉴를 착착 꺼내놓고 쿨내 뿜뿜 하며 가셨다.

이사 후 유모차를 끌고 집 앞을 나섰다.
"응~ 새로 이사 온 분이구먼~?"
시골은 마을 길에 뜬금없이 평상이 막 있고 그렇다. 거기 앉아 마늘을 까며 두런두런 말씀을 나누고 계시던 동네 할머니들이 나를 보시더니 대뜸 하신 말씀에 나는 또 대충격을 받고 말았다. 분명히 내게 말씀을 거셨던 것 같은데, 자기들끼리 계속 말씀을 이어가시니 자연스럽게 평상에 앉아 이사 후기를 나누어야 하는지 그냥 가던 길 마저 가면 될지 혼란스러웠다.

그 무렵의 내가 얼마나 순진했냐면, 마트나 식당 등 어디에서 누가 기혼 여성에 대한 올림말로 사모님 하고 불러주시면 속으로

흠칫 놀라곤 했었다. 헉, 내가 사모인 거 어떻게 아셨지? 하고.

이삿날이 히트였는데, 사람들이 전부, 몽골리안 힘센 아저씨까지! 나에게 사모님이라고 부르시는 거였다.
'아니 이 사람들 내가 사모인 건 어떻게 알았어?? 누가 알려준 거야? 아아 불편해... 짐 이렇게 저렇게 놔달라고 요구하고 싶은데 까탈 부린다고 할까 무섭다아...' 생각하며 하루종일 사모로서의 차분함과 위엄을 보여드리려 애썼던 무지한 햇병아리였다.

―

나의 내향성과 예민함이 어느 정도냐면, 카톡 친구 목록에 사람들이 많아지는 것만도 피로감을 느낀다. 그래서 나랑 개인적 관계가 생긴 사람의 연락처가 아니면 굳이 저장하지 않고 지낸다. 전화번호를 저장할 때 이름 앞에 #을 붙이면 카톡에는 친구 등록이 되지 않는대서 매우 잘 활용하고 있다.

나는 평소 모르는 번호에서 걸려온 전화는 잘 받지 않는다.

아는 번호가 부재중에 남겨져 있을 때는 반드시 회신을 하지만, 모르는 번호에는 무응답으로 일관한다. 꼭 해야 할 말이 있으면 용건 있는 쪽이 추가로 문자를 더 남기든 전화를 또 걸든 하겠지. 그래서 차량 앞 대시보드 위 차주 연락처에도 남편의 번호를 걸어 놓았다. 아예 연락 올 일이 없도록 제대로 된 주차장에만 차를 대는 편이다.

그런데 가끔 뭔가에 홀린 듯이 모르는 번호를 받을 때가 있다. 그럴 때 저쪽에서 "사모님~" 하고 통화를 시작하시면 심장이 두 근 반 세 근 반 폭주하기 시작한다.

누구지? 대체 누구야?

교회 요람에서 연락처를 보고 전화하신 분들이 의외로 종종 있다. 우연히 모르는 번호를 받았다가 상대방이 AI 음성이나 광고성 전화가 아니고 내게 개인적으로 연락한 사람임을 감지할 때 늘 청각이 곤두선다.

우리가 알고 지낸 지가 얼만데 사모님은 아직 내 번호도 저장이 안 되어 있었어? 하고 서운해하실까 봐 죄송한 마음이고, 그래서 통화에서는 최대한 몰랐던 티를 내지 않고 상냥하게 전화를 받는다.

―

그 후로도 〈나는 그들을 모르는데 그들은 나를 아는 상황〉이 계속 일어났다. 내가 무슨 연예인도 아니고 정치가도 아닌데, 어디선가 나를 지켜보는 눈이 항상 있는 것만 같았다. 다들 옷을 입고 있는 중에 나만 발가벗은 기분이랄까.

그렇게 서울 한 바닥에서 태어나 일생을 서울 경기권을 벗어난 적 없었던 나는 시골교회에서 4년을 살고 나서 누구든 눈만 마주치면 일단 그냥 인사부터 하고 보는 인사봇이 되었다. 교회 사람이든 아니든 인사는 좋은 거고 인사를 안 해서 보는 내 이미지 타격은 상당했지만 인사를 해서 손 될 건 없었다. (아기는 벌써 둘째를 임신 중이지만 아직 만 나이 이십 대, 끝자락의 수줍은 새댁의 톤으로 인사했다가 새로 온 사모는 네 가지가 없는 것 같다는 말도 들었기 때문이다)

낯이 익은듯한 얼굴이면 반가움까지 추가해서 "아~! 안녕하세요오~~" 한다. 짧은 만남이 지나간 후, 옆에 있던 아이가 "엄마, 아까 그분 누구였는데?" 하고 물어보면 "글쎄 잘 모르겠어. 그냥 낯이 익어서 일단 인사한 거야." 한다.

엄마가 인사를 잘하게 되자 아이들도 덩달아 인사봇이 되어서, 우리 아이들은 가는 곳마다 인사성이 바르다는 소리를 듣는다. 하하.

#인사는_ 일단 하면 좋은 거

#HELLO

#외쿡에서는 인사 안 하면 응큼하고 나쁜 놈이래요

#자식은 부모의 뒷모습을 보고 자란다

#시골쥐와 도시쥐

#문화충격

○○이 아버님이
목사님이시라면서요?

교회 밖 시선들

✦ ✦ ✦

어릴 적 학교에서 해마다 3월이 시작되면 작성해야 했던 '가정환경조사서'가 있었다. 학생의 인적 사항과 가족관계, 생활환경 등을 조사하는 것이었다. 예전에는 집의 자가 유무나 부모님의 최종 학력, 직업 등을 묻는 항목도 있어 '아동'에 관한 조사라기엔 좀 과한 부분이 있었다. 요즘은 그런 문항들이 사라졌지만, 여전히 마음 한구석에 그 시절의 조사가 남아 있다.

나는 교회에서도 엄마들 세계에서도 조용히 다니는 사람이라, 드러나는 일을 피하려 한다. 어린이집 시절, 매일 〈키즈노트〉에 올라오는 알림장을 보며 '오늘은 또 뭐라고 댓글을 달아야 하지' 고민하는 그런 사람이다.
아이들이 학교에 입학하고 나니 담임선생님과 학부모 간 연락이 없어져서 한편으로는 정말 좋았다.

초등학교에는 1년에 한두 번 〈학부모 상담주간〉이 있다. 분명 제목은 학'부모'인데 상담전화를 받는 건 대개 엄마들이다. 상담을 원하지 않으면 신청하지 않아도 된다기에, '가정환경조사서에 웬만한 내용들은 이미 다 적어서 냈으니 가뜩이나 업무 많으신 학기 초에 별 특별한 용건도 없는데 상담 안 해도 괜찮겠지' 싶어 그렇게 했다가 'OO이 어머님은 아이에게 관심이 없는 엄마'라는 오해를 받을 때도 있었다.

3월은 참 바쁜 달이다. 가정환경조사서를 제출한 뒤, 셋째 주쯤엔 학부모 총회와 공개수업이 진행된다.
첫째는 나를, 둘째는 아빠를 똑 닮았기 때문에 수업 중 선생님이 우리를 알아보실 것만 같아 긴장하게 된다.

잘 사는 집, 부모님이 교수님이신 아이들은 학급에서 이런저런 역할을 맡게 하셨던 옛날 나의 담임선생님들이 자꾸만 오버랩 된다. 우리 아이의 선생님은 오늘 나에게 어떤 기대를 하고 계실지, 떨리는 마음이다. 공개수업만 참석하고 뒤이은 담임선생님과의 만남 시간에는 슬그머니 빠져나온 적도 있었다.

학부모 중에는 같은 교회 집사님들도 계신다. 사실은 나도 이 연령대 아이 엄마 역할은 처음인 사람일 뿐인데, '사모님은 더 현명하게 대처하실 줄'로 여기시는 게 언뜻언뜻 말 끝에 묻어나면 움츠러든다. 첫째가 사춘기가 와서 너무 힘들게 해 얼마 전엔 아침에 아이를 등교시키고 혼자 눈물을 흘렸다던 선배 사모님의 말씀이 점점 남 일 같지가 않다.

우리 작은 아이는 엉뚱하고 개구진 편이다. 쉽게 말해 핵인싸 스타일인데, 저학년인 주제에 고학년 형보다 항상 늦게 집에 온다. 어찌 그리 아는 친구들이 많은지, 작은 아이와 동네 산책을 하면 골목 여기저기서 "○○아, 어디 가?" 하고 친구들이 여기저기서 나타나 부담스럽다. 같은 반 친구냐고 물어보면 "아는 형이야", "친한 동생이야" 한다. 친구 스펙트럼이 넓기도 하지.
　수년 전 교회에서 할머니 권사님들께 〈새사람〉이라 불리며 시선을 주도했던 우리 아이, 이제는 웬만큼 헌사람이 되었건만, 나 모르게 여전히 핵인싸의 숙명을 감당하고 있었다.

핵인싸인 탓에 친구들과의 충돌도 잦고, 제 딴엔 사랑하는 친구를 위해 의리로 한 행동이 어른들 눈에는 오해를 살 때도 있다. 첫째를 학교에 입학시키고는 학교에서 전화가 오지 않았는데 둘째를 입학하고 나니 다시 어린이집 시절처럼 전화가 자주 울리게 되었다.

그러던 어느 날,

"
어머니~ OO이 아버님이 목사님이시라면서요?

하는 질문을 받고 이게 대체 무슨 의도로 하신 말씀일까 어질어질했던 적이 있다. 그렇다고 대답하고 떨리는 마음으로 선생님의 말씀을 쭉 들어보니, 이름이 특이해서 너희 할아버지가 지어주신 이름이냐, 너희 교회 다니냐 하고 물어보셨다고. 아이가 "우리 아빠가 목사님이에요"라고 대답했다며, 선생님도 권사님이셔서 반갑다고 알은체를 하셨던 것이었다.

별일이 아니어서 다행이라고 생각하면서도, 이제 우리 아이가 또래 친구들처럼 욕이라도 하면 선생님이 '저 녀석은 목사 아들이라는 녀석이, 쯧. 사모님은 애 언어생활 신경도 안 쓰시나' 하고 흉을 보실 것만 같아, 마음이 조마조마했다.

나는 아이들의 이름이 참 마음에 든다. 우리 부부가 기도하며 지은 이름이고, 예쁜 이름이라는 말을 자주 듣는다.

그러나 불현듯 미안해지기도 한다. 너무 독특한 이름이라, "너 교회 다녀?" 혹은 "그 이름 누가 지어주셨냐?"는 질문을 많이 받을 것 같기 때문이다.

아이들이 어떤 날 밖에서 유난히 개구쟁이 짓을 부릴 때, 큰 소리로 이름을 부르며 통제하기가 조심스럽다. 누군가 '뭐야, 교회 다니는 애들이잖아?'하고 한 번 더 쳐다볼까 봐서다.

할아버지께서 소중한 뜻을 담아 손주에게 이름을 지어주셨다가 몇 년 후 '아무래도 우리 손자의 이름에 종교색이 너무 드러나서 안되겠다'며 개명신청을 하라신다던 어떤 사모님의 이야기가 떠오른다.

목사라는 자리로 인한 무게는 남편과 나만 오롯이 감당하고 싶은데, 아이들에게 자꾸 나도 모르는 사이에 '어른스럽게', '차분하게', '바르게' 행동하라고 강요하는 것 같아 미안한 마음이 든다.

#이름의 무게

마음이 아니고 눈을 내려놓아야 돼

진정한 내려놓음과 비움

◆ ◆ ◆

　이전에 난 기본적으로 패션에 관심도 많았는데다 하던 일도 상대방의 취향을 섬세하게 살펴서 마음에 드는 결과를 내놓아야 하는 일이었기 때문에 사람들 관찰을 많이 했다.
　사람이 편안한 의자의 높이와 깊이는 몇인지, 시각적으로도 심리적으로도 편안한 공간이 되려면 얼마큼의 빛을 어느 각도에서 줘야 하는지 고려해서 공간을 만들어내는 일. 사람으로 시작해서 사람으로 끝나는 일이었다.

　사람에게 깊은 관심과 애정이 있어야 하는데 사람을 많이 만나지는 않아도 되는 일. 나의 기질과 적성에 딱 맞는 일이었다.
　상대방이 미처 말하지 않은 취향을 읽는 일. 언어적 비언어적 의사를 파악해 공간의 컬러와 마감재를 골라 제안을 했을 때 마음에 쏙 들어 하시는 건축주의 표정을 보면 그렇게 뿌듯

할 수가 없었다.

신생아를 키우면서 아이 엄마들이 가장 막막할 때가 '이 아이가 대체 왜 우는지 모를 때'라고 한다. 사람을 관찰하는 일을 했던 경험으로 아이를 관찰하니 신생아 돌보는 게 그리 어렵지 않았다.

그런데 사모가 되니 사람을 섬세하게 관찰할수록 내 마음이 실족할 일이 많아졌다. 누가 어디 신발을 신었는지 어느 브랜드의 패딩을 입고 가방을 들었는지 무슨 차를 타는지 그런 게 자연스럽게 보이기 때문이다.
그리고 그 관망의 끝은 항상 '와 저런 거 척척 입고 쓰고 하시는구나' 부러움으로 마무리. '당신에게는 예수님이 있잖아요'라는 말은 그리 큰 위로가 되지 못했다. 나만 예수님 믿는 거 아닌데 뭐.

신도시에 집을 분양받아 입주를 앞둔 집사님이 계셨다. 주일마다 예배를 마치면 우리 집에 놀러 오셔서 인테리어를 어떻게 할지 가구는 어디 거를 들일지 추천을 해 달라던 E집사님.

이런 아이디어 의뢰부터가 사실은 비용을 들여야 하는 부분이라는 걸 모르시는 듯했다. 내가 낸 아이디어가 별로면 '에이 뭐야 사모님, 이쪽 일 했다더니 안목이 영 별로네' 하실 것 같아 조심스러웠다. 좋은 추천을 드리려면 나도 찾아보고 알아봐야 하는데, 박스집에서 바퀴벌레들과 동거 중인 나는 좋은 공간을 보는 것 자체가 여러모로 심적 고통이었다. 경력이 단절되어 이러고 있는 것도, 멋진 공간을 보는 것도. 좋은 공간을 보고 나면 힐링이 되는 게 아니라 내가 살고 있는 현실의 박스집이 더 대비되어 마음이 바닥으로 가라앉았다.

남편의 특징 중 하나를 꼽아보자면 〈가성비의 왕〉이다. 교회 밖에서 정장을 벗고 일상생활을 할 때 남편은 1년 내내 같은 신발을 신는다. 항상 맨발에 슬리퍼. 겨울에 눈이 쌓였을 때만 '어쩔 수 없이' 막힌 신발을 신는다. 요즘은 크록스를 신어서 형편이 좀 나아졌다.

신혼 때 친정아버지가 사위의 행색을 보시고, "야아 이서방 신발 좀 사줘라. 맨날 슬리퍼만 신더라." 안쓰러움을 가득 담은 표정으로 나에게 말씀하시며 진심으로 걱정하셨었다. "집에 이

서방 신발이 넘쳐나! 나보다 더 다양하게 있다니까~ 자기가 저 것만 신고 다니는 거야 아빠!"

졸지에 남편 신발도 안 사주고 사시사철 짚신 신긴 뺑덕어멈 취급을 당해 억울했다.

이처럼 간편함과 가성비에 진심인 우리 남편은 자기가 입을 일상복을 살 때는 연근마켓에서 묶음으로 떨이 처분하는 츄리닝을 산다. 사이즈만 맞으면 사 오니 스타일이나 색깔이 맞춰질 리가 만무하다. 그러니 쿨톤과 웜톤을 한 날에 동시에 소화해버럿. 남편의 충격적인 코디에 신혼시절 나는 기함을 했다. 이걸 입고 저걸 신어라, 다 정해주기도 했다.

신발이 불편하네 이 바지는 신축성이 없네 불평하는 남편에게 "여자는 숨 막히는 위 속옷도 입어야 되고 하이힐도 신어야 되고 렌즈도 껴야 되고 화장도 해야 되는데 어디서 힘들다 소리가 나와 지금?" 일갈했다.

처음엔 내 뜻대로 내 스타일대로 맞춰보려 했으나 그런 외출은 서로에게 짐이 될 뿐이라는 걸 느끼곤 남편이 뭘 입고 신던지 내려놓았다. 나는 나대로 입고 당신은 당신대로 입고. 그러자 평화와 자유가 찾아왔다.

겉으로 보이는 모습에 연연해하지 않는 사람과 계속 함께 살다 보니 내 눈에도 좋은 콩꺼풀이 씌워졌다. 이제는 사람을 만나면 상대방의 말씀과 표정을 깊이 관찰한다. 그분의 착장에는 눈길이 잘 가지 않는다.

잠언에 '모든 지킬 만한 것 중에 더욱 네 마음을 지키라'는 말씀이 있다. 마음을 지키려면 눈을 내려놓아야 한다. 눈으로 들어온 시각 정보가 자꾸 마음을 흔들기 때문이다. 예쁜 걸 보면 사고 싶고, 가진 사람을 보면 부럽다. 부러움과 시샘이 들면 내가 이미 가진 것들은 자꾸만 보이지 않고, 마음에 감사가 사라진다. 〈어디를 바라볼 것인지〉가 내 마음 지킴의 첫 번째 열쇠다.

#남편은 가성비의 왕인데 아내는 마리앙투아네트
#미안해, 여보.
#나는 옷을 사야 되겠어. **새걸로.**

여기가 대체 누구 집이간이 난리냐고요

주인도 아닌 것들이 나서는 이야기

✦ ✦ ✦

결혼 초기, 한 번씩 의견 대립이 생기면 남편이 자꾸 집 밖으로 나갔다. 쾅 하고 닫힌 문 뒤에 남겨지니 기분이 정말이지 뭐라 형용할 수 없이 나빴다. 저렇게 감정이 상한 채로 밖에 나가서 홧김에 무슨 일이 생기진 않을까 걱정이 되기도 했고, '이제 더 이상 당신과는 얘기하고 싶지 않아!' 하는 걸 적극적으로 보여주는 것 같아 슬펐다.

그리고 무엇보다, 여긴 내가 아는 동네도 아니고 살고 싶은 동네도 아니었는데 너 한 사람 보고 따라온 건데 이 삶 자체가 난 준비도 안 됐는데 당신이 여기다 날 버리고 나가?! 하는 분노가 머리끝까지 차올랐다.

그래서 남편더러 담부턴 아무리 열이 받아도 집 밖으로 나가지 말고, 집 안에서 다른 공간에 있자고 했다. 당신이 그렇게 나가버리면 꼭 나를 버리고 나간 것 같다고.

그때는 왜 그렇게 서로 간에 사사건건 마음이 상했는지, 스트레스 받으면 모유에 안 좋을 것 같아 걱정이 되면서도 어쩔 수가 없었다. 원치 않는 냉전이 자꾸 발발했다.

그런데 그러고 각 방에서 대치 중일 때 애가 울거나 하면 이상하게 분위기는 내가 가서 돌봐야 하는 뉘앙스인 것이다…?

그래서 내가 나갔다.

나도 열받았는데 왜 나만 계속 엄마 역할 해야 되느냐고요. 파업할 거라고요. 억울하다고요. 나도 당신처럼 헤드셋 끼고 스포츠 같은 거 보면서 혼자 내 필feel에 취해 있을라니까요. 하는 심정에 뛰쳐나갔는데, 막상 나가보니까 갈 데가 없었다.

어디에 뭐가 있는지 아는 곳도 아니고, 갑자기 불러낼 친구도 없고, 친정 동네까지 가기엔 너무 멀고, 주택가라 밤엔 어디 들어갈 곳도 없고. 호기롭게 나올 때와 다르게 조금 지나 화가 풀려 제 발로 다시 집에 들어가는 모습은 처량하게 비를 맞은 생쥐 같은 기분이 들었다. 그래서 이번에는 어떻게 했게?

남편더러, 당신 꼴도 보기 싫으니 어서 이 집에서 썩 나가라고 했다.

그러자 남편이 하는 말이 어이없다.
아 글쎄, 여긴 교회에서 자기에게 준 집이니 나더러 나가라는 것이다!

"
하! 기가 막혀서!
내가 없는 당신한테도 과연 이 집을 줄까?
내가 없으면 교회에서 당신도 꽝 되는 거야!

하고 앙칼지게 응수했다.

그 뒤로 우리는 서로 나가라고 몰아붙이거나, 배우자를 남겨두고 혼자 거나가거나 하지 않는다.

\#사택살이

\#사이좋게 지내자

\#어차피 우리 집 아니야 여기

예배를 드리러 간 건지,
모니터링 영상에 얼굴 찍히러 간 건지

짠내 나고 신물 나는 예배생활

✦ ✦ ✦

　작은 교회에서는 담임사모님과 심방전도사님께서 자연스럽게 예배 중에 출석인원 체크를 하셨다. 그런데 큰 교회에서는 수많은 성도들의 출결 상황을 정확하게 파악하는 일이 불가능해졌고, 예배 중에 카메라가 출석 체크를 대신했다. 그 카메라는 설교 중에 조용히, 그리고 계속해서 회중을 찍고 있었다.

　목사님이 설교하시는 앞 벽 측면쯤에 CCTV처럼 자리 잡은 카메라가 모니터링 카메라다. 이 카메라로 예배 때마다 회중들을 촬영해 결석자와 그 이유를 파악하고, 심방 등의 용도로 활용한다. 월요일에 쉬고 화요일 아침에 출근하면 제일 첫 업무가 모든 목사들이 다 이 영상을 들여다보며 자기 교구별 성도들 현황을 파악하게 된다.

나는 흥미가 없는 수업일지라도 바른 태도로 얌전히 있으려 한다. 졸거나 잡담을 하는 것은 앞에서 말씀하시는 분에 대한 예의가 아니라고 생각했기 때문이다. 이 같은 태도를 교회에서도 동일하게 적용했다. 아이 엄마가 되기 전까지는 말이다.

아이 엄마가 되고 자모실에 들어가 보니, 그곳은 완전히 다른 세계였다. 어머나 세상에 교회에 이런 곳이 있었던가 싶었다. 아이들은 빽빽 울어대고, 장난감을 유리창에 쿵쿵 부딪쳐대고, 과자를 쏟는 아이, 응가를 하는 아이, 수유를 하는 아이... 전쟁통도 그런 전쟁통이 없었다.
첫 애 하나 있을 때는 조용히 있게끔 훈련을 단단히 시켜서, 카페에서도 나랑 친구들이 몇 시간씩 놀아도 이 아이는 뽀로로 음료수와 함께라면 예쁜 찻잔 구경, 화려한 조명 구경, 사람들 구경을 하며 얌전히 있을 줄 아는 아이였다. 그런데 둘째까지 태어나니 아이 둘을 찍소리도 안 나게 만드는 건 불가능했다. 그래서 자모실에 들어간 건데....

첫째가 충분히 조용히 할 수 있는데 둘째 때문에 자모실에 들어가야 한다니 간발의 차로 월드컵 본선에 떨어진 것보다 더 아쉽고, 자모실의 소란스러운 분위기에 젖어 예배시간인데도 여태 엄마랑 훈련한 것은 다 까먹고 마냥 풀어져서 노는 첫째도 야속했다.

남편과 육아를 함께 할 수 없는 상황이 힘들었고, 자기 애는 마땅히 자기가 봐야 하는데 이 비좁은 자모실에 장검을 들려 아이만 들여보내는 초등학생 엄마 집사님들이 정말 얄미웠다. 자모실 뜻 모르시냔 말이에요.

그 아이들이 휘두르는 장검놀이에, 아직 숨골이 발랑 발랑 하고 범보의자에 앉아서 고개를 휘청거리는 어린 아가들이 위험했던 적이 한두 번이 아니었다.

안에 계신 다른 분들이 보다 못해 "여기는 엄마랑 같이 들어와야지" 하며 아이들을 엄마한테 내보내기도 했는데_ 모르쇠다 모르쇠. 그래, 그 정도로 알아먹을 사람 같았음 첨부터 이렇게 나대는 애를 이런 흉기에 가까운 장난감을 들려서 애만 덜렁 들여보내지를 않았겠지. 자모실 사람들이 다 흉을 봤다. 내가 뒤에서 유리창으로 진짜 엄청나게 째려봤는데, 뒤통수 빵꾸 안 나셨네. 아직 내 영빨이 신통치 않은갑다.

그냥 얼굴 철판 까는 사람만 이득 보는 세상은 교회에서도 마찬가지인 것 같다. 그 점이 너무 화가 났다.

보통은 신앙생활하다 몇 번씩 교회에서 뚜껑을 열어도 용납이 되는데, 나는 그렇게 하면 남편 앞길 막을 사모네 당장 쫓겨나고 싶냐 소릴 듣게 되니 더 힘들었던 것 같다. 원래 성격이 온순하면 억지로 나를 누르고 스트레스받을 일은 아니었을 텐데, 속에 숯불을 가진 나는 예배시간에 예배를 드리지 않는 게 너무나 자연스러운 이 분위기가 정말, 정말, 너무 싫었다.

이럴 거면 그냥 편하게 집에 있지, 교회는 왜 온 거야?

밤낮 아이 키우다 보니 큐티도 독서도 온전히 나를 채워갈 시간이 마땅치 않은데, 예배 갔을 때 설교라도 잘 들어야 되는데! 애가 타고 화가 났다. 유난히 수선을 떨어 부산스러움을 보태는 아이는 예쁘지가 않았고 어른씩이나 되어서 아이들에게 예배드리는 본을 보여야 할 엄마들이 옆 사람과 수다나 떨고 있는 모습들은 그 무엇보다 더 꼴뵈기가 싫었다.

아이들은 어른의 일반적인 생각보다 훨씬 더 영적이고, 비록 말로 표현하지 못할 뿐이지 알아듣는 수준은 굉장히 깊다는 걸 많이 느꼈다. 그래서 나는 예배 한 시간 정도는 어린아이들도 충분히 얌전히 할 수 있다고 생각한다.

아이들은 어른이 허락해 준 공간만큼 능력을 발휘한다.

나는 예배를 안 갈 수가 없는데, 자모실의 소란스러움에 휘말려 카메라에 자칫 잘못 찍히면 담임목사님을 비롯 모든 목회자들이 다 내 예배 태도를 보실 테고. 하, 저들은 딱히 예배에 집중도 안 하면서 왜 여기까지 애들을 굳이 끌고 와서, 자기들이 어린이들보다 더 떠드시는 건가.

옆엣분이 말을 붙여오셔서 대답을 했을 뿐인데, 그 찰나의 순간에 모습이 남겨지게 되면 "로다비사모는 왜 예배시간에 수다 떨고 있나?" 하며 곧바로 화요일 낮에 담임목사님께 피드백이 날아왔다.

영상을 촬영하는 목적은 출석 현황 파악임에도, 예배 태도를 검열받는 듯한 상황에 당혹스러웠다. 기도로 남편을 내조하진 못할망정 예배 시간에 떠드는 사모로 낙인찍혀서야 되겠나. 그래서 자모실에 있는 사모들끼리 서로 아이 케어하며 집사님 말씀에 응대도 해가며 상황 따라 눈치를 계속 보고 있다가, 카메라가 중이층을 돌아서 자모실로 올라오면 온다 온다 하고 서로 사인을 주어 설교에 집중하는 척 연기를 하기도 했다.

그렇게 설교를 제대로 못 듣고 집에 와서 아이들에게 성질을 부리는 이게 대체 무슨 우스운 쇼인지, 내 모습에 깊은 절망감이 들었다. 정말 그때를 생각하면 한숨밖에 나오지 않는다.

그런데 교회의 모니터링 카메라 때문에 이토록 피곤하면서도, 집에는 CCTV를 설치했다. 아이러니한 일이 아닐 수 없다. 이로써 어디서든 나를 지켜보는 카메라가 있게 되었다.

한 날은 새벽기도를 하고 있는데 갑자기 등골이 서늘해졌다. 귓가에 익숙한 아이의 울음소리가 들렸기 때문이다. 화들짝 놀라 돌아보니 첫째가 내복 바람으로 울고 있었다. 아이는 나를 보자 한층 더 소리를 높여 으아앙 하고 본격적으로 울기 시작했다. 이 상황이 너무 놀라면서도, 성도님들 기도에 방해될까 봐 눈치가 먼저 보였다.

서둘러 아이를 데리고 밖으로 나오니, 한 집사님이 우리 집 앞에 내복 바람으로 뛰쳐나와 길에서 헤매고 있는 아이를 발견하고 엄마한테 가자고 다독여 교회로 데리고 오신 것이다. 그때 그 집사님이 우리 아이를 만나지 못했으면 어떻게 됐을까를 생각하면 아직도 눈앞이 아찔하다.

그 당시 나는 새벽예배를 갈 때 휴대폰을 아이 머리맡에 두고 나왔다. 아이가 울면 남편에게로 전화를 걸어주는 앱을 사용했었다. 우리는 둘째가 울 것만 생각했지 첫째가 조용히 일어나 현관문을 열고 집 밖으로 나올 것은 예상하지 못했다.

그 사건 이후, 우리 부부는 아이들의 안전이 너무나 걱정이 되어 안방과 거실에 카메라를 달았다. 그리고 입술로는 기도를 하면서도 휴대폰에 집 화면을 켜놓고 아이들이 별일 없이 잘 있는지 계속 지켜보며 눈뜨고 새벽기도를 했다.

어린아이를 키우며 사모의 역할도 함께 감당하는 것은 참으로 고단하다. 2,30대 때는 아침에 일찍 일어나는 게 정말 왜 이리 힘든지 모르겠다. 계속되는 밤중 수유로 고단해서, 아침 9~10시쯤 어린이집 차 시간에 맞추는 것조차 힘이 들었다. 지금은 8시까지 아이들을 준비시키는 게 그리 힘들지 않다. 세월이 더 흐르면, 새벽마다 일어나는 것도 지금처럼 힘들지 않겠지? 그런 날이 언제나 올는지_ 아직도 새벽을 깨우는 일은 고되기만 하다.

그토록 고단한 중에 힘들게 일어나서 나갔는데 깊이 기도하지도 못하고, 사모로서의 무게를 감당하기 위해 부단히 애를 썼다. 그러면서 몸과 마음이 병들어 갔다.

이렇게 나는 예배를 드리러 간 것이 아니라, 때로는 어쩌면 모니터링 영상에 찍히기 위해 간 날도 있을지 모른다. 예배에 집중하기보다는 카메라에 허투루 찍히지 않으려 애쓰고, 내가 예배를 드리는 모습이 어떻게 비칠지 계속 신경 쓰며 시간을 보내는 그 순간이 너무나 고통스러웠다.
자모실의 소란스러움 속에서, 나는 온전히 예배에 집중할 수 없었다. 눈 부릅뜨고 아이들에게 별일 없는지 지켜보며 드리는 새벽기도가, 나를 하나님의 임재하심 가운데로 인도할 리 만무했다.

교회 카메라에 찍히는 역할과 집 CCTV 속 영상을 감시하는 역할 모두 다 예배에 집중을 흐리게 했다. 하나님은 교회 건물에만 국한되는 분이 아니시고 마음의 중심을 보시지만, 사람은 내 마음을 볼 수 없으니 몸으로 보여줘야 했다. 이처럼 시간과 공간의 제약을 받는 나는 엄마 역할, 아내 역할 동시에 감당하려니 그야말로 가랑이가 찢어질 지경이었다.

이 아이러니한 상황은 내가 계속해서 카메라와 감시의 눈을 의식하며 살아가는 현실을 더욱 선명하게 느끼게 했다.

설교의 전체를 잘 듣고, 집에 돌아가서도 그 내용들을 기억할 수 있어야 된다고 생각했다. 그런데 당시 내 현실은 그럴 수 없었고, 불만족의 연속이었다. 성경 읽기만으로는 목마름이 해결되지 않아, 설교가 너무 듣고 싶어서 예배 한 시간 반 전에 교회에 가서 찬양팀 연습하는데 마치 본예배가 시작된 듯이 아이들과 손뼉 치며 열정적으로 찬양을 부르기도 했다. 그렇게 엄마의 쇼에 속아 리허설을 예배인 듯이 드리고 나면 진짜 예배 시간엔 아이들이 잠들어, 자모실 밖에서 말씀을 편하게 들을 수 있었다.

예배가 아닌, 마치 영상에 얼굴을 남기기 위해 교회에 간 듯한 그 시절이 가끔 떠오른다. 자모실에서 떠들어대는 소리와 아이들의 울음, 숨죽여 감시해야 했던 카메라를 의식하며 나는 예배 속 진정성을 자꾸 놓쳤다.

언제나 "예배의 자리에 있다"는 것만으로도 충분하다고 믿고 싶었지만, 나는 나도 모르게 "어떻게 보이는지"에 더 마음을 썼다. 때로 하나님보다는 당장 이 옆에 있는 사람들에게 마음이 집중되곤 했다. 그러면서 그런 내 모습에 스스로 괴로웠다. 내 진실한 마음을 기다리고 계실 예수님께 나도 전심으로 나아가고 싶었다.

하나님의 시간은 하루가 천 년 같고 천 년이 하루 같다는 말씀을 묵상하며 하나님께서 내 삶에 역사하시는 데는 사실 단 한 마디만 있어도 충분하다는 믿음이 생겼다. 한 시간의 설교 전체가 아니라, 어떤 한 마디만 기억하게 될지라도, 하나님이 나를 만지시고 변화시키시기에 충분하다는 것을 말이다.

'사랑한 남자가 신학을 했을 뿐'하는 태도에서 벗어나자 나는 이번엔 사모로서의 모습에 과하게 신경을 쓰게 되었고 그렇게 부모로서, 아내로서, 또 사모로서의 역할이 덧씌워지며 진짜 예배는 자꾸만 멀어졌다. 이제 와 뒤돌아보니 그 시간들은 어쩌면 내 삶의 무대에서 나의 연약함을 드러내며 끝없이 애쓰던 시간이었는지도 모른다.

 그렇게 사모로서의 역할에 끌려다니며 예배의 진정성을 놓친 나날들. 하지만 이제는 모든 역할에서 벗어나 하나님 앞에 진심으로 나를 내어놓고 싶은 마음이 간절하다. 모니터링 카메라에도, 집 CCTV에서도, 그리고 성도들의 눈앞에서도 자유로이, 오직 하나님과 나만이 있는 예배가 참 그립고 소중하다.

#오늘도 예쁘게 잘 찍혔나
#예수님 저 좀 뜨겁게 만나주세요

어른 둘이서 애 하나 못 봐요?
난 혼자서 애 둘을 보고 있는데!
자모실의 성난 암탉

◆ ◆ ◆

지금은 아이들이 자라서, 각각 부서 예배를 보내고 나는 오롯이 본당에서 예배를 드리니 얼마나 행복한지 모른다.

속 시끄러운 일이 없으니 성도들 얼굴도 눈에 들어오고 진심으로 웃으며 인사도 드리고 안부를 묻는 등의 여유가 생겼다. 이 평안함이 얼마나 소중한 건지, 반쯤 누운 자세로 엄마 손에 매달려 떼쓰는 어린아이와 실랑이하는 엄마들을 볼 때마다 다시 묵상하곤 한다.

정글 같은 자모실에서 예배드리던 시절의 이야기다.
입덧이 있어 원양어선을 타고 있는 듯 속이 울렁울렁 드러눕고만 싶은 주일날 아침이었다.

의자에 앉으면 아직 어린 첫째가 바닥에서 뽀짝대니 자꾸 상체를 숙여서 돌봐야 하고, 그러면 더 속이 울렁대서 바닥에 앉아 예배를 드리고 있었다.

바닥에 앉으면 등 기댈 곳이 없는데, 등을 기댈라 치면 혼자 옆을 본 모양으로 되는 구조의 자모실이었다. 그날 몸이 너무 힘들어서, 어떻게 예배를 드렸는지 모르고 그저 시간이 끝나기만을 버틸 뿐이었다.

예배가 끝나고, 제일 먼저 호다닥 집으로 올라가고 싶은 맘 굴뚝같았지만 체통 머리 없이 그럴 수야 있나. 성도님들이 다 나가시면 마지막으로 내가 불 끄고 나가야지 하며 자모실에 흩어진 방석들을 치우고 있었다. 그런데 갑자기 첫째의 비명과 울음소리가 들렸다.

깜짝 놀라 고개를 홱 돌려보니, A집사님네 아이가 우리 아이 얼굴을 갑자기 꼬집은 것이다. 난데없이 누나에게 얼굴을 쥐어뜯긴 내 아이가 막 울고 있는데, 집사님은 한가롭게도 자기 아이 '마음 읽기'를 하고 있었다.

○○아~ 왜 그런 거야?
(지금 이유가 뭣이 중요해?!
내 애가 꼬집힐 짓이라도 했다는 거야?
당장 사과를 시켜야 될 거 아니야!!)
순간적으로 뚜껑이 확 열려 버렸다.

"
집사님! 집사님은 어른 둘이 애 하나도 제대로 못 봐요?
난 혼자서 뱃속에 아기까지 둘을 보고 있는데!!

화가 나서 목소리를 높이는 나, 볼이 빨갛게 부어올라 엉엉 우는 우리 첫째, 자기한테 지금 화내는 거냐고 따지는 A집사, 말리는 B집사, 그 외의 자모실 안팎의 사람들이 한 마디씩 거들고 엉켜 자모실 앞은 그야말로 난리가 났다.

잘못은 자기 애가 한 거지 자기가 한 게 아닌데 왜 자기한테 화를 내냐는 A집사와는 말이 통하지 않았다. 아이에게 직접 말하면 남의 애 잡는다고 하실 것 아닌가. 그냥 입을 닫고 눈물 뚝

뚝 흘리는 첫째를 옆구리에 짐짝처럼 들쳐맨 채 계단으로 옥상의 박스 집에 올라갔다.

아드레날린이 치솟아서 입덧이 일순간 사라진 것 같았다.

집에 돌아와서도 한동안 속상함이 가시질 않았다.

나도 A집사처럼 남편이랑 같이 자모실에 있을 수 있었으면 이렇게 서러운 일을 당하겠는가 생각이 들었다. 다음 주에 교회를 또 가야 하는데, 저 인간들 마주치기 싫어서 어쩌면 좋지 싶기도 하고.

혼자서 쌈닭이 되어가는 나 자신이 서글피 느껴졌다.

그런데 아이들을 출산하고 입덧이 끝나도 쌈닭 모드는 끝날 수 없었다. 교회에서는 엄마가 싫은 소리를 잘 못한다는 걸 본능적으로 눈치챈 아이들이 교회만 가면 선 넘는 요구를 하기 시작한 탓이다. 마이쮸를 달라, 더 달라 계속 요구했다. 누군가 옆에 보는 사람이 생기면 보란 듯이 길바닥에 드러눕기 기술까지 아낌없이 시전했다.

그러다 주변에 아무도 없어진 순간에 아이에게 윽박지르며 두 녀석들을 양 옆구리에 하나씩 들쳐메고 과자 조각을 득템한 일개미처럼 끄응끄응 집으로 왔는데 뒤에 남편이 따라온 적이 있었다. 큰길 다닐 때는 아이에게 곱게 대하라는 아름다운 잔소리와 함께 나타났다.

당신, 뒤에서 내가 애 둘 들쳐메고 힘들게 가는 거 뻔히 보면서 도와주지 않고 남일인 양 뒤따라만 온 거니?

당신이 그렇게 고상하게 다녀라, 당신이.
속에서 천불이 났다.

#너라는 존재, 내 속을 뒤집는 사랑스러운 악마

#다른 건 참아도 아이를 건드리는 건 못 참는
#사모도 여느 엄마와 다르지 않답니다

장례 중에는 고인을
충분히 추모하고 애도합시다

목사님이 돌아가시면 일어나는 일

✦ ✦ ✦

젊은 나이에 갑자기 소천하신 목사님이 계셨다.
아무도 예상하지 못했던 일이었고 참으로 안타까운 일이었다.

그런데 그분의 장례식장에서, 후임으로 어떤 목사님을 청빙할 계획이냐가 논해졌다. 사모님과 아이들이 슬퍼하고 있는 그곳에서 말이다.

청년으로만 해맑게 살다가 사모가 된 나는 정말이지 인류애가 바사삭 되는 것 같았다. 나는 그런 정치 같은 거 모르겠고, 그냥 그 사모님과 아이들이 너무 애달팠다. 굳이 빈소에서 그랬어야 했나 싶었다.

얼굴 한 번 뵌 적 없는 생판 남인 나도 이렇게 사연만 들어도 안 됐고 슬픈데, 어떻게 목사 동료이고 한 교회를 같이 섬긴 장로님들이 그러실 수가 있는지 도무지 이해가 되지 않았다.

장례가 마무리되자마자, 눈물도 채 마를 새 없이 사모님과 아이들은 집부터 비우고 나가셔야 했다. 사택은 교회에서 목사님께 제공한 집이었기 때문에, 목사님이 부재하게 되자 나머지 가족들은 하루아침에 그야말로 집도 절도 없는 신세가 된 것이다.

정말 너무 한다는 생각이 들었다.
그 사모님의 일이 남 일 같지가 않았다.
죽음은 누구에게나 〈언제든〉 찾아올 수 있는 건데, 남편이 먼저 떠나게 되면 나랑 아이들도 저렇게 되는 건가 싶었다.
믿음을 떠나 현실, 생존 그 자체의 날것이었다.

그런데 또 시일이 한참 지나 생각해 보니, 교회에서 고인이 된 목사님의 가족에게 얼마큼의 시간을 드려야 될까 그 또한 쉽지 않은 문제였다. 당장 매주 예배가 진행이 되고, 작은 교회는 목사님 혼자 모든 예배를 담당하시는데, 가족들의 슬픔을 기다리다 교회가 다 흩어질 수 있으니까 그런가, 생각이 거기까지 다다르자 나 자신이 너무 꼰대 같고 싫어졌다.

아니, 이걸 이해를 한단 말이야?

이렇게 기성세대를 이해하게 되고 나도 그 물에 스며들어가는 거야?

이런 일련의 상황들이 갓 서른 살이 지나던 나에게 너무나 큰 충격이었다. 한동안 몸도 마음도 정말 많이 아팠다. 시도 때도 없이 눈물이 쏟아졌고, 남편이 코를 골지 않고 유난히 곤히 자면 심장이 철렁해 남편의 코에 떨리는 손을 대 보기도 하고, 마음이 불안해서 잠을 못 이루기도 했다.

이도저도 못 하겠다 —
참말로 딱 그 짝이었다.

#단 하루라도_당신보다 내가 먼저 가는 게 맞아

#끈 떨어진 연 되는 거 한순간

#내 수명 당신에게 나눠주고 싶어

#할 수만 있다면

만남이 있으면 헤어짐도 있다지만

매번 눈물이 납니다_ 그리운 사람들

✦ ✦ ✦

부목사로 살다 보면 만남과 헤어짐은 그림자처럼 따라온다.

전도사 시절에는 알지 못했던 '교구 담당 목사'의 무게가 있다. 아직도 철없고 부족함 많은 우리 부부를 정말로 의지하고 계시다는 걸 순간순간 느낄 때, 그 마음에 조금이라도 부응해 드리고 싶은 마음이 든다. 뿌듯하기도 하고 황송하기도 한 마음.

사역지 이동에 대한 소식을 전했을 때 성도들의 반응은 각양각색이다. 더 좋은 교회로 가시는 거겠죠? 하며 앞길을 축복해 주시는 분, 거기서도 잘하실 거예요 격려를 아끼지 않으시는 분, 우리는 어쩌고 거길 가시느냐며 야속하게 여기시는 분, 사임날짜까지 하루가 멀다 하고 들러 별 말씀은 없이 그냥 얼굴만 물끄러미 보고 가시는 분...

그러나 〈서운함〉을 가장 적나라하게 첫 번째 감정으로 내비치는 분들은 단연 우리 교구 성도들이다. 눈물을 비치기도 하시고, 이삿날 새벽부터 찾아오시는 분들도 바로 담당교구 성도님들이시다. 직장이 바쁘셔서 예배 때 외엔 많이 대화도 못 나눈 사이임에도, 여러 달 양육프로그램을 함께 했던 성도들보다 어떨 땐 더 많이 아쉬워하신다.

사모로서 가장 힘든 것도 바로 이 만남과 헤어짐이다.

어린 사모였을 시절에는 그게 너무 아파서 '남편이 담임목사가 되기 전까지는 어차피 헤어질 사람들인데 헤어질 때 덜 아프려면 그냥 누구에게도 정을 주지 말아야 하나' 하는 생각도 했었다. 그런데 그것이 참, 쉽지 않다. 애초에 불가능한 일일지도 모른다. 사랑하는 마음이 없이 어떻게 목회를, 양육을 할 수 있으리.

나는 겉모습은 세상 새침한 서울깍쟁이처럼 생겼지만 마음속에는 숯불을 가진 여자다. 이러니 저러니 생각이 많아도 항상 사역지를 이동하고 정들었던 성도들과 헤어질 때가 되면, 몇 주를 몸져눕고 밤마다 이불을 눈물로 적신다.

헤어진 지 수년이 흘러도 어디서 우연히 비슷하게 닮은 분을 보면 "○○교회 ○집사님 닮았다 그치?" 남편과 이야기하며 반가워한다. 그저 닮은 사람일 뿐인데도, 마치 성도님을 직접 만난 것처럼 가슴이 뛰고 설렌다. 물이 찰랑찰랑 가득 차 있던 양동이가 한순간에 와락 쏟아지듯이 그분과 함께 있었던 기억들이 머릿속에 좌악 펼쳐진다. 그러면 카톡에서 프로필 사진을 통해 그 반가운 얼굴을 한번 더 찾아보고, 사진으로 드러난 근황을 짐작해 본다.

세월이 흘러도 가끔 이전 사역했던 교회의 홈페이지에 들어가 최근 동향을 살펴보기도 한다. 좋은 소식이 많기를 바란다.
특별히 가정에 우환이 많으셨던 성도는 헤어진 뒤에도 자주 기도하게 된다. 이제는 평안하시기를, 진심으로 바라고 믿는다.

심신이 고단하여 새벽마다 비통한 마음을 아뢰던 때가 있었다. 마음은 천 갈래 만 갈래 찢어지고, 눈물조차 나오지 않던 날들이었다. 그런데 불 꺼진 기도실에서 마치 엄마처럼 포근하게 내 등을 어루만지고 뒤에서 어깨를 포옥 안아주시고는 별말 없이 나가신 권사님을 잊을 수가 없다.

권사님의 그 손길 자체가 하나님께서 내게 보내주신 위로의 말씀 같았다. 앞으로도 많이 외롭고 힘든 날이 오면, 그분이 그 날 나눠주신 온기를 그리워하고 기억하겠지.

언젠가 길에서 마주치게 될 날을 그려본다.
우리 가정은 전국 각지에서 사역을 했었다 보니 여행을 가면 그 지역의 성도들이 더 생각나고 그리워진다. 생각나고 기억할 분이 많은 건 행복한 사람이란 생각을 한다. 우리는 추억으로 사는 존재들이니까.

그렇지만 사역지를 옮기고 나면 아무리 그리워도 이전 교회 성도들께는 개인적으로 먼저 연락을 드리지 않는다. 그게 담임 목사님께 대한 예의라고 생각하기 때문이다.
부목사는 어디까지나 담임목사님을 돕고 목사님의 목회를 위해 한마음을 모아야 할 위치이지, 성도들의 마음을 가지고 자기 사람을 만들고 그렇게 하면 안 된다고 생각한다.

우리는 늘 그분들을 기억하고 있는데, 연락이 차츰 뜸해져 갈 때면 '이제는 우리를 잊으실 때도 됐지' 싶으면서도 내심 아쉽다.

시간이 지나 헤어지던 날의 아픔은 줄어들어도, 성도님들이 남긴 흔적은 여전히 마음에 남아 있다.

헤어짐은 겪어도 도무지 익숙해지지 않고, 언제나 아프지만 새로운 만남이 있어 헤어짐도 있는 것이기에 받아들이기로 한다. 사역지를 옮기게 될 때마다 또 어떤 성도들을 만나게 될지, 설렘과 긴장감이 감돈다. 다정한 분을 만났으면 좋겠다.

#나를 잊지 마세요
#번거로움을 기꺼이 감내하는 마음_ 다정함

살벌한 당회

목사에게 가장 필요한 능력은 당회 운용력일지도...

✦ ✦ ✦

내가 사모로 살면서 단연코 〈가장 어렵다〉고 느끼는 점은 '사모는 이래야지'하는 그 기준이 교회마다 다르고 사람마다 다르다는 것이다. "사모님으로 사는 삶은 탭댄스예요. 그러니 아무리 발목이 시큰거리고 힘들어도 해내셔야 합니다."라고 누가 딱 정해주면 내 날밤을 꼴딱 새는 한이 있더라도 파스를 붙이고라도 어떻게든 맞출 텐데, 여기서는 힙합을 추라 했다가 저기서는 부채춤을 추라 하는 꼴이니 정말 어렵다.

그다음으로는 '흘러감'이다. 한 교회를 정해 계속 출석하는 처지가 아니라 몇 년을 주기로 떠돌아다니는 게 양날의 검으로 다가온다. 좋은 점은 싫은 사람이 영원하지 않다는 것이고, 안 좋은 점은 좋은 분들도 주기적으로 잃어버리게 된다는 것이다. 내 사람이 없다는 것. 나의 사정으로 사역지가 변동되고 성도님의 사정으로 교회를 나가시는 것. 이 모든 것들이 아프고 슬프다.

사모에게 가장 필요한 능력은 카멜레온처럼 여기저기 적당히 녹아드는 능력인 것 같다. 맞장구도 적당히, 입장 표현도 적당히, 열심도 적당히.
목사의 아내가 되어 남편을 따라 함께 여러 교회를 겪어 지나오며 본의 아니게 조용한 관찰자가 되었다. 카멜레온이 되어 색깔을 맞추려면 먼저 관찰은 필수니까.

원래도 조용한 성격인데 '덤으로 사는 삶'을 살다 보니 관찰자적 태도가 더 깊어졌다. 그러면서 같은 교단 안에서도 교회마다 분위기가 참 많이 다름을 보게 되었는데, 교회가 평화롭고 활기가 있으려면, 교회에 빚이 있느냐/ 성도수가 몇이냐/ 젊은이들 비율이 얼마냐 하는 것보다 더 중요한 요인이 있었다.

무엇보다 당회가 평안해야 교회에 잡음이 없는 듯했다.
당회를 잘 못 이끄시는 목사님은 목회에 상당히 걸림돌이 많으셨다.

마땅히 할 대외활동을 하셔도 왜 굳이 그런 활동을 하느냐, 이런 데서 왜 돈을 쓰느냐고 태클이 걸리고 큰소리가 오가곤 했다. 목회자와 당회는 양날개를 이루어 협조해야 하는 관계인데, 목사님의 일거수일투족을 검열하는 눈빛으로 바라보시는 당회를 업고 계신 곳은 날마다 살얼음판이었다.

당연히 예산안 계획이 순조롭지 못했고, 가뜩이나 재정을 많이 지원받아도 인구절벽 앞에서 어린이들 부흥이 어려운 참인데, 교육부서의 어려움은 계속 커졌다. 재정을 지원받지 못하니, 성과가 안 나오고, 안 되니까 교사들도 신이 안 나고, 그러니 아이들은 더 줄어들고, 성과가 없으니 새 연도 예산기획에서 재정은 더 줄어드는 악순환의 연속이었다.

목사님이 당회와 사이가 안 좋으시면 부목사들까지 사역하기가 힘들어졌다.

한 해의 목회계획을 구성하는 연말당회가 다가오면 한 달 정도 식사도 잘 못 하시고 잠도 잘 못 주무시고 마치 왕 앞에 나아가는 에스더처럼 불철주야 기도를 하시는 사모님을 본 적이 있다.

장로님들은 한 해 동안 목사님의 설교를 들으면서 이건 신학적으로 맞지 않고 이건 표현이 틀렸고 하는 목록을 종이에 빼곡히 써 오시는 등 여간 어려운 분들이 아니셨는데, 사모님의 절실한 눈물의 기도 덕분인지 그래도 교회는 큰 불협 없이 굴러갔다.

내가 담임사모라면 정말 피가 마를 것 같았다. 남편이 정기당회 때마다 장로님들께 그런 험한 소리를 듣고 오면 너무 속상해서 목회 그만두자고 할 것 같았다. 남편더러 집에서 살림하라고 아껴두고 내가 대신 새로운 직장을 찾고 싶어질 것 같았다.

당회 때마다 밤이 아무리 깊어져도 모든 순서가 다 끝날 때까지 본당에서 눈물의 기도를 하시던 사모님의 모습이 잊히지 않는다.

#저는못할것같아요
#생각만해도눈물이

목사님이 사모님을 개떡같이 대하시면

감히 누가 우리 맛도리에게 함부로 구는가?

◆ ◆ ◆

담임목사님은 성도들의 양육자뿐 아니다. 부목사들의 아버지 같은 존재이기도 하다. 담임목사님과 사모님이 부목사들 가정에 얼마나 큰 영향을 미치시는지, 오늘은 그 이야기를 나누어 보려고 한다.

나는 어디에 역사하는 영, 흐르는 영, 땅밟기 기도, 솔타이(soul-tie) 같은 말에 대해 회의적이다. 그런 개념들은 우리 안에 내주 하시는 성령님을 아무 능력도 없는 허수아비처럼 느껴지게 하기 때문이다.

무슨 영에 묶이고 무슨 영에 묶이고_ 그런 개념은 화답할 수 없다. 예수님의 십자가는 단번에 온전한 승리를 이루셨기 때문이다.

그런데 새로운 사역지를 정하려고 면접을 보러 가게 되면, 꼭 살펴보는 영적 기류가 있다. 담임목사님이 사모님을 어떻게 대하시는지, 그 뉘앙스만큼은 꼭 살펴본다.

면접 시 살펴봐야 할 요소로서 교회가 위치한 도시의 역사나 인프라, 성도들의 분위기, 교회의 규모, 사택의 상태, 복리후생, 맡게 될 사역의 내용과 범위 등을 기대하셨다면 죄송하다.
이제부터 말하게 되는 내용은 내가 지금껏 여러 사역지를 겪어오면서 그냥 몸으로 체득한 잔기술 같은 거라 여겨주시면 좋겠다.

희한하게도, 목사님이 사모님을 갈빗대처럼 아끼고 사랑하시면 부목사들도 자기 아내를 애지중지한다. 반대로 목사님이 사모님을 개떡같이 여기고 무시하시고 막 대하시면 원래 안 그러던 부목사들도 자기 아내를 함부로 대하게 되는 경향이 있다.
이건 다른 사모님들도 그렇다고 공감을 많이 해주신 부분이라서 더 신기하다.

우리 남편은 원래 참 자상하고 다정한 사람이다. 그러니까 내가 결혼했지. 이 사람의 다정하고 푹신한 면에 이끌려, '사모로 사는 것도 해볼 만하지 않을까?', '이 오빠랑은 어디 심심산천 산간벽지 오지마을에서도, 흙으로 벽돌 빚어 집 지어서도, 재미나게 살 수 있을 것 같다!' 그런 생각을 했더랬다. 나의 예민함이, 이 오빠랑 있으면 푸근해지는 것 같았고, 나의 우울함이, 오빠랑 얘기하다 보면 별일 아니네 싶고 다 사라지는 것 같았다. 그래서 호기롭게 결혼했건만….

사모님이 집안도 학력도 심지어 인물까지 훨씬 더 좋으신데 사모님의 꿈과 은사를 무시하시고 그저 자기 뒷바라지나 하고 그림자처럼 있으라고 하시는 목사님 교회에서 부목사로 한참을 지내니 이상하게 이 자상한 오빠가 썩을놈이 되어갔다. 내가 무슨 말을 하면 공감을 해주질 않고, "쓸데없는 소리 한다", "시끄러워" 같은 말을 자주 했다. 내가 T고 자긴 F인데 오히려 자기가 번번이 찐 T처럼 굴질 않나, 버럭 버럭 하질 않나. 참 나 기가 막힐 노릇이었다.

4년을 꼬박 버티다 더 이상은 못 살겠어서 헤어지자 했더니 나랑 별 상의도 없이 사역지를 옮겼다? 자기 혼자 면접도 몇 차례 보러 다녀오고.

그렇게 새로운 사역지가 결정되고 딱 한 번 사택에 가서 잠깐 둘러보고 곧바로 보름쯤 후에 이사를 하게 됐다.

그 무렵의 나는, 아니 같이 살 터전을 왜 당신 맘대로 하느냐, 난 지금도 친정이랑 충분히 멀어졌는데 시골이라니, 읍 면 리라니!! 그런 깡시골은 싫다 등의 몇 가지 의견이 있었지만 '그래, 그 어디든 여기보다야 못하겠나' 싶어 내버려 두었다. 이혼도 결심한 마당에 깡시골 한번 살아보지 뭐. (여차직 하면 당신을 시골에 버려두고 나만 기차 타고 홀연히 친정으로 텨텨 하고 말테다)

사실 개떡은 정말 맛있다.
꿀에 찍어먹으면 얼마나 맛있게요~

그런데 새로 간 사역지 담임목사님이 사모님만 보면 눈에서 꿀이 뚝뚝 떨어지시는 거다 (마 그 정도로 미인이신 것 같지는 않은데). 사모님 역시도 목사님을 바라보는 눈빛에 애정과 존경이 듬뿍, 설교 때 앞에서 회중을 찍는 모니터(출석인원 체크용이라서 예배영상에 송출되지 않기 때문에 굳이 표정관리를 할 필요가 없다)에 매주 사모님의 사랑스럽고 아름다운 표정이 가득 담겨 있었다. 그리고 그곳에서 우리 남편은 본래의 모습을 되찾았고, 프러포즈 때도 사 오지 않던 꽃을 다 사 오는 등 잔망을 부리곤 했다. 평생 받을 꽃을 그때 다 받아본 것 같다. (그러니까 가끔씩 또 사 오라고, 자기야)

사모님이 본인의 은사대로 달란트를 활용하며 지내고 계시는지, 목사님과 사이가 좋으신지 하는 건 표정, 분위기 같은 걸 보면 느껴진다. 면접 자리에서 그런 체만 하신다고 다 꾸며지지가 않는다. 두 분 사이의 기류 즉 뉘앙스라는 게 있기 때문이다. 수십 년을 산 부부의 티키타카는 꾸민다 하더라도 불쑥불쑥 찐텐이 나오게 마련이다. 부모님들이 상견례 자리에서 딱 두세 시간만 이렇게 좀 하라고 해도 고걸 못 참으시지 않던가.

물론, 나까지 참석하는 면접단계까지 진행되었다면, 내가 이제 와서 거기 별로야 가지 말자 한다고 청빙이 무산될 일은 없긴 하다. 그럼에도 내가 그 점을 예의주시 하는 건, 미리 마음의 준비라도 하려고~

사랑받는 사모님이 계시던 교회에서 우리 부부는 잃었던 첫사랑을 천천히 회복했고, 은사대로 화끈하게 쓰임 받는 사모님이 계시던 교회에서는 늘 숨어만 다니던 나도 내 은사대로 섬김의 자리에 나아갔다.

#부르신 곳에서
#나는 예배하네

우리 목사님은 범

존경심과 권위는 주장한다고 세워지는 게 아니야

✦ ✦ ✦

여러 담임목사님을 겪었다.

남편 신학과 동기들이 있는 각 교회의 담임목사님 이야기까지 더해지면 정말 다양하고도 많은 목사님들이 계시다.

아 정말 왜 그러시지 하는 탄식을 불러오는 분도 계시고, 진짜 존경할 만한 분이시다 하고 엄지 척, 요즘 애들 말로 〈구독 좋아요 알림설정 하고 싶은〉 분도 계시다.

부목사든, 성도든, 누구에게라도 좋은 분이시라고 후기가 따라붙는 목사님들은 특징이 있으신데, 스스로 권위를 주장하지 않으신다는 점이다. 그리고 먼저 부목사와 성도들의 권위를 세워주신다. 구독하고 싶은 목사님들은 하나같이 그런 결을 갖고 계셨다.

범과 호랑이는 다르다. 호랑이는 무서움, 공포를 뜻하고 범은 위엄있고 무게감 있는, 쉽게 흔들리지 않는 느낌을 의미한다. 누군가에게 호랑이 목사님이라고 하면 매사 엄하게 다스리고 어디서든 빛나는 사우론의 눈처럼 횃불처럼 지켜보고 계시는 그런 분일 거고, 범 목사님이라고 하면 인왕산이나 백두산에서 한 발자국 한 발자국 깊이감 있게 눈을 밟으며 내려오는 모습을 연상케 하는 분일 것이다. 아무 때나 섣불리 달려들지 않지만 정확한 한 방이 있는 사냥의 명사수. 그런 분 말이다.

—

부목사가 설교를 잘하면 왠지 모르게 분위기가 쎄해지고 표정이 굳어지는 목사님이 계셨다. 나중에 알고 보니 예배가 끝나고 나가시면서 성도님 한 분이 "아이고 목사님~ 오늘 은혜 많이 받았습니다~ 담임 목사님도 좀 그렇게 설교를 재미있게 하시면 좋을 텐데~" 하셨다는 거다. 그런데 담임목사님은 워낙에 말투도 스타일도 진지한 학자타입이셔서, 유머를 섞어도 회중들이 그렇게 웃지를 않는다는 게 슬픈 점이었다. 농담인지 진담인지 잘 읽히지가 않아서 한참 생각해야 웃음이 나는 그런 분이셨다. 학자 목사님께 충청도에서 사역하시기를 조심스럽게 추천드리고 싶다. 충청도 분들은 어차피 집에 가서 웃으신다고 하니. 그리고 충청도는 양반의 고장이라, 감히 앞에서 그렇게 말하는 분은 없으시기도 하고.

그런 말을 하는 사람이 자꾸 주변에 있어서 그렇게 비교의식을 갖게 되신 건지, 원래부터 비교의식이 있으신 분인 데다 불난 집에 기름 붓는 격으로 또 눈치코치 없이 그런 말을 하는 분이 계셨던 건지 그건 잘 모르겠다. 따져봐야 계란이 먼저냐 닭이 먼저냐 같은 얘기일 테지.

아무튼 그래서 부목사들은 설교를 마치고 나면 혹여나 담임목사님의 설교보다 좋은 피드백을 받게 될까 봐 심장이 두근두근했다. 성도님들이 별말 없이 자리를 떠나시면 그게 차라리 마음이 편했다.

그러다 사역지를 옮기게 됐다. 첫 주일, 성도들 앞에 부임인사를 드리고 내려가는 우리 가정의 뒤통수에 담임목사님께서 하신 말씀을 잊을 수가 없다.

> **이목사님 가정이 여기서 행복한 목회하도록
> 많이 기도해 주시고 도와주세요.**

맙소사. 이게 무슨 말이야. 누가 우리의 〈행복〉 따위를 신경 쓰냐 말이야. 감동의 도가니였다. 뭘 맡아야 되고 어떤 성과를 내야 되고 그런 주문들만 받아보다가 '너도 사랑받아 마땅한 주님의 귀한 자녀야'하고 여겨주시는 것 같아 순간 눈물이 왈칵 쏟아질 뻔했다.

나는 행복한 목회를 주문한 목사님을 범 목사님이라고 불렀다.

선임들의 이야기를 들어보니 과연 이 부분에 다들 감동받고 있었다. 어떤 목사님은 '친정 같은 교회'라고 표현하기도 했다. 그래서인지 담임목회를 나가셔도 휴가 때마다 다시 범 목사님의 교회를 찾아오는 선배들이 많았다. 금쪽같은 휴가 기간에 이전 사역지에 방문하다니. 나로서는 아직은 상상할 수 없는 일이다.

월요일 새벽예배 드리고 출발해서 금요철야 전까지 복귀해야 하는 게 일상인 삶을 살아왔다. 범 목사님은 '목사들도 충전의 시간이 필요하다'며 주일을 포함한 휴가를 주신다. 연초에 기도원을 가라고 따로 날짜를 주시기도 한다.

목회자의 영적 충전의 중요성을 말씀하시는 분들은 왕왕 계시긴 하다. 그러나 보통 담임목사님 본인의 쉼을 강조하시는 데서 그치곤 한다. 그러니 범 목사님께 감동받아 눈물이 울컥할 수밖에.

범 목사님이 왜 범 목사님이시냐면, 부목사들이 성도를 심방하고 깊은 유대관계를 맺고 성도가 때로 교구담당 부목사를 더 의지하고 따르더라도, 전혀 불안해하거나 비교하지 않으시기 때문이다.

범 목사님의 어록이 있다.

"아무리 그래봐야, 너희들은 부목사야. 나는 담임목사고. 이렇게 나보다 키들도 더 크고 재능 많고 유능한 부목사들이랑 동역하는 내가 얼마나 멋진 사람이냐." 하셨는데, 이게 부목사를 얕보거나 낮추는 표현이 아니고 '아아, 이 분은 자기 효능감 초고렙 쌉고수이다!!'라는 감탄이 나올 그런 어투와 분위기로 말씀하셨었다.

범 목사님의 주문을 들으니, 예전 학자 목사님의 주문 또한 떠올랐다. 학자 목사님은 우리 가정을 인사시키시면서 "여기서 오래 있을 수 있도록"을 강조하셨었다. 우리도 거기서 얌전히 있다가 담임목회지 나가게 되기를 바랐었는데 그 곳에서 오래 있을 수가 없었다. (왜 슬픈 예감은 틀리질 않을까요?)

학자 목사님은 자기를 초대하지 않고 부목사들만 식사를 대접했다는 소식을 들으시면 항상 얼굴빛이 달라지시는 바람에 누가 차 한잔 하자고 연락이 와도 이걸 응해도 되나 고민이 되었다. "나중에 사역지를 옮기면 내 성도에게 절대 연락하지 말라"고도 하셨다. 그게 예의라고 생각해서 원래 그런 행동은 안 하고 살았는데, 또 그렇게 콕 집어 말씀하시니 우리가 무슨 성도 스틸러라도 된 것 같고 기분이 좋지 않았다. 자기에게 자신감이 그렇게 없으신가 안타까운 마음도 들었다.

#줘도 안 가져갈 테니 걱정 마세요

#저희들은 담임목사님을 능가하지 못합니다
#성도들 마음속 1순위

마음은 이렇게 쓰는 거야

닮고 싶은 선임 사모님

✦ ✦ ✦

막내로 들어가서 수년을 지내며 가장 먼저 오신 선배 부목사님들부터 하나하나 순서대로 담임목회지로 나가시면 그때마다 우리도 한 칸씩 한 칸씩 순서가 올라가며 선임 목사님이 바뀌게 된다. 그렇게 한번 선임 목사가 되신 분은 담임목회지로 나가실 때까지 계속 선임이었다.

어디든 선임은 중간에 끼어서 피곤하고, 신경 쓸 일 많고, 때로 후배들에게 싫은 소리도 해야 하며 장로님들과 담임목사님께 아쉬운 소리도 후임들의 대표로 나서서 해야 한다. 참으로 어렵고, 빛 좋은 개살구 같은 자리라 할 수 있다. 그래도 한번 선임은 끝까지 선임이셨다. 중간에 바뀌는 역사를 본 적이 없다.

남편이 선임이 되면 사모님도 후임 부목사와 전도사들 사모들을 토닥이고 아울러 교회에서 사모들이 함께 감당해야 할 역할들이 있으면 단톡방에 공지도 올려주시고, 새로 온 사모님이 잘 적응할 수 있도록 멘토 역할도 해 주시는 등의 역할을 자연스레 감당하셨다.

그런데 한 분 J사모님이 선임이 되시고 나서, 사모들이 모인 자리마다 계속 불평을 하셨다. '동역'인데 왜 자기만 무거운 짐을 져야 하느냐고 계속 말씀하셨다. 그럼 대체 우리들더러 어떻게 하라는 것인지 참 알 수 없는 노릇이었다.

한 날은, J사모님네 목사님이 오전 사역을 마치고 "오늘 사모님들까지 오랜만에 다 같이 이렇게 나오시기도 쉽지 않으니, 우리가 점심을 삽시다." 하고 제안하신 적이 있었다. 그러자 J사모님이 정색을 하시며, "선임이라고 월급 한 푼도 더 받는 것 없는데, 왜 우리가 밥을 사? 뭐, 우리가 선임이니까 다들 '절대복종'이라도 한대?" 하시는 것이었다.

우리들 아무도 밥 사달라고 한 적도 없는데 졸지에 갑자기 모두가 죄인이 된 기분이 들었다.

화기애애하던 분위기는 순식간에 싸해졌고 다들 조용히 각자의 집으로 흩어졌다. 그리고 반년이나 지났을까, "다음 달부터 그다음 순서 2목사가 선임을 하고, 그다음은 3번이 선임을 하라. 앞으로 선임은 돌아가면서 담당한다."하는 통보가 내려왔다. 황당한 일이었다.

J사모님은 "선임이 얼마나 힘든지, 다 같이 나눠보면 더 잘 알게 되니까 더 좋을 거야." 하시며 갑자기 굉장히 표정이 밝아지셨다.

2번 목사님이 선임을 맡으신 뒤, 그날도 교회에 행사가 있어서 다 같이 오전 사역을 마치고 난 어느 날의 일이다. 2번 사모님께서 불쑥 "아유, 난 오늘 교회에서 진 빠졌더니 집에 가서 밥하기 싫다. 자기들, 요 앞에 중화요리 집에 굴짬뽕 개시했더라. 다들 굴 좋아해?" 하시더니 목사님께 "자기야, 점심에 편하게 다 같이 굴짬뽕 먹으러 가자. 오늘은 자기가 좀 내." 하셨다.

그러지 뭐 하고 목사님도 대답하셨고, 우리들은 얼떨결에 졸래졸래 따라가 짬뽕과 탕수육을 얻어먹었다.

그 뒤로도 2번 사모님은 우리들에게 소소하게 이것저것 잘 사주셨고, 힘들어하는 사람이 있으면 조용히 만나 도닥여주시고 함께 눈물로 기도해 주셨다.

더치페이로 하기로 한 것도 딱 나누어 떨어지지 않으면 그냥 내가 천 원 더 낼게~ 하셨다. 계산기로 1원 단위까지 나누어 송금하라고 하시는 J사모님과는 많은 점이 다르셨다.

당연하고도 자연스럽게 우리들은 2번 목사님과 사모님을 잘 따랐다. 그러자 J사모님은 이번엔 우리들이 자기를 따돌린다며 또 난리를 하셨다.

J사모님의 자기중심적인 행보는 그뿐이 아니었다.

그 해는 부목사들 가정에 유난히 태의 열매가 풍성한 해였다. J사모님, P사모님, 그리고 나까지. 아기를 낳았는데 교회 김장 때가 다가왔다. 교회 김장은 여전도회 1년 행사 중 제일 큰 일이기는 하지만, 그곳처럼 유난을 떠는 교회는 그 이전에도 이후에도 없었다. 김장을 하는 이틀 동안은 목사들도 모두 열일 제치고 온종일 동원되는 게 당연한 교회였다. 그러니 아기를 낳은 여인에 대한 배려의 감성이 있을 리 만무했다.

그 해에 우리 친정엄마는 항암치료 중이셨는데, 교회 김장을 며칠날 한다 며칠날 한다 말이 많더니 공교롭게도 딱 엄마가 병원에 가는 날로 최종 결정됐다. 미리서부터 O일날은 제가 엄마를 병원에 모시고 가야 하니, 그날로 김장날이 정해지지 않게 회장 권사님께 말씀 좀 드려달라고 선임 사모님께 부탁을 드렸었는데 말이다. 최종 결정된 김장 날짜를 통보받고 네??! 하는 내게, 병원 날짜를 옮기면 되잖아, 하셨다. 메이저 대학병원은 몇 달씩 환자 예약이 빽빽한데 어떻게 갑자기 날짜를 옮기라는 건지. 참말로 야속했다.

그래서 김장은 7시 반쯤부터 시작하니까 아침 일찍 나와서 최대한 일하다가 열 시쯤 출발해서 병원에 다녀오겠다고 했는데, "담임 사모님이 그렇겐 안된다네. 어떡하지" 하셨다.
(지금 생각해 보니 담임 사모님이 정말 그러셨는지 알 수 없는 일이다. J사모님 성품을 봐선 아예 안 물어봐 주셨을지도.)

아무튼 그래서 결국 항암을 가는 우리 엄마가 아기를 안고 혼자 병원을 가셨고 나는 김장을 끝까지 참여했다.
P사모님은 가장 늦게 아기를 낳아 셋째를 낳은 지 두 달이 갓

지났는데, "나도 아기 낳았는데 참석하니까 빠질 생각 말라"는 J사모님의 통보에 복대를 두 개나 꽁꽁 매고 나보다도 더 빨리 찬바람 쌩쌩 부는 교회 마당에 나와 있었다.

사모님... 괜찮아?
2번 사모님과 나, P사모님은 눈빛으로 서로를 걱정할 뿐이었다.

정말 기가 막힌 일은 점심 무렵에 일어났는데, 점심을 먹어야 해서 사람들이 다 모이면서 보니까 J사모님은 집에 친한 청년을 불러서 아이 보모 역할을 맡기신 거였다.
집에 미니 어린이집을 차려놓고도 우리들의 어려움을 못 본 체하시고, 후임의 입장을 담임 사모님께 전달해 주지도 않으면서, 자기를 선임 대접 안 한다고 하신 J사모님을 나는 언제쯤 이해할 수 있을까.

너무 힘들게 하고 상처를 준 선임 사모님도 계신 반면 정말로 본받고 싶고 닮고 싶은 선임 사모님들도 계신데, 오늘은 특별히

L사모님을 소개하고 싶다.

그 교회는 사택이 인근에 여기저기 부동산 매물이 나오는 대로, 교회 재정이 준비되는 대로 매입을 하다 보니 사택 위치도 다 다르고 집 크기도 제각각이었다. 자리가 나는 대로 들어가는 것이므로 아이가 셋 있는 가정이 좁은 사택에 들어가게 되기도 했다. 교회 재정이 준비가 되면 조금 더 나은 집으로 옮겨주시기도 했는데, 이사 비용은 개인 부담이었다. 집 업그레이드 해주는데 당연히 이사 비용은 자비로 부담해야 맞긴 한데, 부목사 월급 한 달 치를 통째로 다 부어 넣어야 이사 비용이 된다는 게 안타까운 점이었다.

오랫동안 사역하시다 보니 드디어 사택 업그레이드의 차례를 맞게 되신 L사모님 가정, 역시나 이사 비용이 걸림돌이었다. L사모님은 고민하시다가 친정에서 오랫동안 부어준 적금을 해약해 이사 비용을 마련하셨다.

그 후 얼마 시일이 지나 당회에서, 다음 이사하는 부목사부터는 그냥 교회에서 이사 비용도 대주는 편이 어떻겠냐는 이야기가 나온다는 소식이 들렸고, 나는 L사모님이 이 사실을 아시면 속상해서 어쩌나 걱정이 됐다.
그런데,

"
응 나도 들었어. 너무 잘 된 거야 사모님.
사모님들도 곧 좋은 사택이 생겨서
얼른얼른 좁은 집에서 옮기게 됐으면 좋겠다.

하셨다. 사모님은 속상하시지도 않느냐는 내 물음에,
"나는 이미 넓은 집으로 옮겨서 살고 있잖아. 속상할 게 뭐 있어. 그렇게라도 난 옮기고 싶었어~"
하시는 게 아닌가. 사모님의 마음씀을 닮고 싶었다.

사람 마음은 오고, 간다.
별로 영향을 받고 싶지 않아도 어느새 닮게 되기도 하고 그렇게 한 상자 안에 든 감귤들처럼, 우리는 서로 영향을 주고, 받게 된다.
멤버가 하나도 바뀌지 않았는데도 어떤 리더십이 이끄느냐에 따라 분위기가 너무나 달라지는 것을 경험했다. 나도 언젠간 선임 사모가 될 텐데, 어떤 선임이 되어야 할지 깊이 생각하는 계기가 되었다.

#선임(先任)
 _ 어떤 임무나 직무 따위를 먼저 맡은 사람
 _ 유의어   고참, 선임자, 앞사람

불의 전차, 기도의 정수 사모님
나만의 색깔

✦ ✦ ✦

교단에 상관없이 사모님들은 그녀들만의 스타일이 있다.

일단 전체적으로 조신한 느낌을 주는 차림새다. 옷의 컬러도 모노톤의 차분한 톤. 스커트를 입는 날이면 길이가 그리 짧지 않음에도 항상 무릎에 스카프를 덮고 앉으시고, 한여름에도 덧양말을 챙겨 신으시는, 그런 스타일.

다들 그렇게 입으시니까 나도 옷을 사면 그런 스타일의 옷을 샀다. 그런데 그 옷들은 평소에 입기엔 여간 불편한 게 아니어서, 평일에 입을 옷 교회 가고 심방 갈 때 입을 옷 따로 자꾸 사대니 옷장이 북적북적했다.

그러다 한 사모님을 만나면서 새로운 세계를 발견했다.

H사모님은 아주 화끈하게 본인의 은사를 사용하시는 분이셨다. 주일 대예배와 오후 찬양예배의 찬양인도를 직접 하셨다. 부목사가 여섯이나 있는데 말이다.

사모님께서 찬양으로 예배의 문을 여시고 뒤이어 목사님께서 설교를 하시는 하모니가 절묘하고 아름답다고 느껴졌다.

H사모님은 여름이면 발가락이 훤히 보이는 샌들을 신고 앞에서 찬양 인도를 하셨다. 센세이션 그 자체. 옷의 컬러감도 얼마나 다채로운지, 형광빛 라임 컬러도 바이올렛 컬러도 찰떡처럼 소화하셨다.

밤잠이 없으셔서 새벽이 되어 주무시기 때문에 새벽예배에 거의 못 나오셨다. 그런데 성도 누구도 H사모님을 기도하지 않는 사람으로 생각하지 않았다. H사모님을 한마디로 표현하자면 〈불의 전차, 기도의 정수 사모님〉이기 때문이다. 찬양인도하실 때도 폭발적인 에너지를 뿜으시지만, 기도 인도를 하실 때의 그 에너지는 정말 '불의 전차'의 현현이다.

찬양인도는 남성 인도자가 하는 거라는 관념이 있던 시대가 있었다. 반주는 여성이 하는 것이라는 관념도 세트였다. 요즘 대세인 워십팀들을 보면 오히려 여성 리더가 인도를 하고 건반을 다루는 남성 연주자의 모습도 쉽게 발견할 수 있다.

우리는 서로 구분 짓는 관계가 아닌, 함께 하모니를 이루어 갈 존재임을 생각하게 된다.

'H사모님에게 모노톤의 정장 투피스를 입게 한다면' 상상해본다. 으으, 어울리지 않는다. H사모님만의 통통 튀는 컬러와 사랑스러운 느낌이 있기 때문이다.

사람마다 은사가 다양하다.
나는 어떤 모양이며, 무슨 색인가?
H사모님의 센세이션함에 깊이 도전받았다.

사모로 살면서 '나를 죽여, 더 죽여야 돼. 더 깎아야 돼. 절대 튀지 마.' 단속만을 해왔다. 내가 가진 은사와 색깔에 대해 한 번도 생각하지 못했다. 내가 쓰임 받을 수 있다는 점도.

어딜 가나 막내였던 우리 부부가 이제는 후임을 둔 선배의 자리에 있다. 훗날 어떤 담임사모가 될 것인가. 고민하고 준비할 때다.

#WHO ARE YOU?

#MY CLOSET

#전차_전쟁할 때에 쓰는 수레
그 노래와 찬송이 시작될 때에 여호와께서 복병을 두어 유다를 치러 온 암몬 자손과 모압과 세일 산 주민들을 치게 하시므로 그들이 패하였으니 (역대하 20:22)

사모의 열등감
겉으로는 웃지요

✦ ✦ ✦

나는 장로의 딸이 아니다.

우리 집안에 선교사님도 목사님도 없다.

그저 그런 작은 교회 출신의, 집사 딸이다.

유명한 분들과의 접점이 있지도 않다. 사모님들끼리 학생 때 청년 때 참석했던 큰 집회에서의 경험이나 추억들을 말씀하시면, 나는 딱히 할 말이 없다.

내 전공은 유아교육이나 기독교 교육학, 상담 심리학과가 아니다. 교회음악/ 피아노/ 성악도 아니다.

나는 정치적이고 사교적인 사람이 아니다. 어떤 성격 기질 검사를 하더라도 항상 일관되게 내향의 끝을 달리는 사람이다.

사람을 사귀는 것도 느리다.

입에 발린 말도 잘 못하는, 밋밋한 사람이다.

결혼 이전에는 이런 것들에 관해 특별히 생각해 본 적도 없었는데, 결혼을 하고 나니 다른 사모님들이 가진 조건들이 엄청 멋져 보였다.

심지어 목사님이신 사모님들도 여럿 계셨다. 그녀들은 교단에서 남편목사님보다 더 입지가 굵기도 했다. 새벽예배 때도 엄청난 기세로 기도를 하셔서 부흥회 분위기로 후끈 달아오르게 장악하셨다.

남편목사님의 모든 사역 현장에 함께 하시는 사모님들도 꽤 계시다. 얼마나 세련되고 유려하게 말씀들을 잘 하시는지, 압살롬의 여자 버전이 있다면 이런 느낌일까 싶다. 나는 체력도 안 좋고 사람을 많이 만나면 너무나 에너지가 소진되는 사람이기에, 꼭 참석해야 하는 자리가 아니면 나가지 않는다.

남편이랑 사이가 안 좋던 시절에 남편이 청년부 사역을 했었다. 집에서 나랑 있을 땐 냉랭하다가 밖에 나가면 남편은 세상 온화하고 자상해졌다.

> "
> 조건 좋고 착한 ○○자매를 보면
> 남편이 속으로 나랑 결혼한 거 후회하는 거 아닐까?

(그 청년 마음은 안중에도 없이 저 혼자 머릿속에서 소설을 썼어요. 죄송합니다) 이런 생각들이 나를 괴롭혔다.

지금은 비록 우리 사이가 안 좋을지언정 남편은 여전히 나를 사랑하고 꾸준한 사람이라는 걸 온전히 신뢰하지 못했고, 남들은 아무도 신경 쓰지 않을 주제들로 혼자 끙끙 앓았다.

그때의 나는 참말로 못났던 것 같다.

그래서 요즘 한창 인기리에 방송 중인 〈나는 홀로〉 연애프로그램에서 충분히 매력이 있음에도 스스로 자신감 없는 여성 출연자의 모습을 보면 마음이 아프다. 마치 옛날 내 모습을 보는 것 같다. 프로그램을 보며 나는 그들의 아픔을 느끼고, 과거의 나를 통해 그들이 현재 겪고 있을 감정적 혼란이 이해가 된다.

내가 느꼈던 열등감은 어쩌면 스스로에게 덧칠한 프레임이었을지도 모른다. 내가 진짜 비루한 사람이라서가 아니라.

사람의 눈은 현상을 보는 것 같지만 그렇지 않다. 분명히 멀쩡한 시력으로 거울을 보면서, 자기 눈에 덧씌워진 필터대로 얼마든지 왜곡된 상으로 이해하기도 한다.

지금도 나는 종종 열등감을 느낀다. 생각이 드는 것은 어쩔 수가 없다. 바람처럼 불어오는 것이니까. 그렇지만 이제는 생각이 머리에 둥지를 트는 것은 막을 수 있다.

'그러라 구래~'
순간순간 열등감이 들 때 자주 되뇌는 문장이다.
나는 나만의 고유한 느낌이 있는 사람이라는 것, 흔히 쓰이지 않는 색깔이라 할지라도 언젠가 이 색이 필요한 부분이 분명히 있다는 것을 믿는다.

교회에는 전 연령대를 아울러 남자보다 여자가 훨씬 많다. 여초집단에 매일 남편을 내보내는 심정이란 -_-

지금은 우리 남편도 늙어서 그런지 내가 초연해져서 그런지, 코로나 시대를 지나오면서 문화가 바뀌어서 그런지 별로 없는데, 옛날엔 예배 끝나면 나가시면서 악수를 참 많이 하셨다.

가볍게 눈인사하면서 손 한두 번 흔들고 가시면 될 텐데 손을 덥석 붙잡고 통행 흐름에 방해가 될 정도로 "아이구 목사님~" 하시며 손등을 한없이 쓰다듬으시는 할머니 권사님들이 많으셨다. 그리고 그런 유난한 분들은 홀로 되신 분들이 대개였다. 연관 짓지 않으려 해도 꼭 그런 껄쩍지근하고 거시기한 것이 있었다.

남편은 교회에선 나랑 눈도 잘 안 마주쳐 주는데.
여러 가지로 기분이 언짢았다.

불안과 질투로 점철된 나의 20대였다.

#내 남편 손은 공공재
#왤케 주물러싸, 뭔 슬라임이간.

#지금은 나 보면 설레니까 안 쳐다보는 걸로 생각해

로다비 사모님은 헤르미온느

나만 쓰고 다니는 투명망토가 있어

◆ ◆ ◆

사모님, 사모님을 분명히 예배 중엔 봤는데
끝나고 보면 사라지시고 없더라고요?

그럴 리가, 저 축도 다 끝나고
목사님과 장로님들께 인사도 다 하고 나갔는걸요.

—

사모님, 사모님은 말 안 듣는 아들이 둘이나 있으면서
어떻게 그렇게 애들을 순식간에 다 챙겨서 빨리
사택으로 들어갈 수가 있어?

저만의 텨텨기술이 있는데요, 생각해 보니

제가 숨어 다니는 게 하루 이틀에 된 게 아니더라고요.

보일 듯 말 듯 안 보이는
월리. 그리고 나

그렇다.

나는 헤르미온느다.

어렸을 때부터 눈에 띄지 않게 다닐 수밖에 없었던 사연이 있기 때문이다.

나의 조부는 성격파탄자였다.

집안일은 간질이 있는 아내와 줄줄이 일곱이나 딸린 어린 자식들에게 내팽개쳐 놓은 채, 당신은 자전거를 타고 한량처럼 놀러 다니는 분이셨다. 농부인데 매일 해가 중천에 뜨도록 주무시는 그런 분이었다.

남자라서 그렇게 대단하셔서, 고추를 달고 태어나지 못한 나를 보기만 하시면 "계집년이"라는 욕을 쏟아내셨고, 언짢은 기색을 보이거나 표정이 굳어지면 스무 개에서 조금 개수가 빠진 연을 마구 찾으셨다. 나는 지금까지도 연날리기를 해본 적이 없는데, 조부가 그토록 좋아했던 연이라서 싫었던 것 같다.

내가 정말로 억울했던 건, 나보다 훨씬 어린 '장남의 딸'과, 나보다 먼저 계집년의 계보를 이은 '딸의 딸'은 욕을 먹지 않았다는 점. 오직 나만이, 만만한 '차남의 딸'이라서 무방비 폭격을 당했다.

어린이인 내가 쏟아지는 욕의 비를 맞을 때 아무도 우산을 씌워주는 사람이 없었다. 다들 눈치를 보느라, 자기는 아니니까,

각자 살아남기 바빴다. 그래서 나는 되도록 눈에 띄지 않게 숨어 다녔다. 나의 헤르미온느 투명 망토 기술은 유년기부터 연마한 유서 깊은 기술이었던 것이다.

그랬던 나의 조부는 돌아가시던 그날도 한량처럼 약주를 걸치시고 자전거를 타고 비틀비틀 집으로 오시던 길에 실족하여, 생에 처음으로 가장 이른 시간에 논밭에 출근하시면서 종착을 찍으셨다.

—

망토 덕분일까 생긴 게 워낙에 별 특색이 없는 것일까, 교회를 한 3년은 넘게 다녀야 성도님들이 나를 조금 알아보시곤 하는 것 같다. 오늘은 그래서 생겼던 에피소드다.

한 날은 인터넷 검색을 하다가, 우리 몸은 체성분이 사람마다 조금씩 다른데, 몸무게나 옷 사이즈보다 지방과 근육량 즉 체성분의 구성도가 어떻게 이루어져 있는지 그게 정말 중요하다는 기사를 보게 되었다. 그리고 그 인바디를 보건소 헬스장에 가면 무료로 측정 받아 볼 수 있다는 내용이었다.

그래서 다음날 아침, 아이들을 어린이집에 보내고 곧장 보건소로 발걸음을 재촉했다. 인바디를 재면서 보니, 보건소에 이것저것 좋은 시설들이 갖추어져 있었다. 내가 신기하다는 듯이 바라보자, 보건소 선생님이 "다비님도 원하면 나오셔서 운동하셔도 돼요" 하셨다. 한 달 회비가 어떻게 되느냐는 내 물음에 선생님은 나라에서 국민건강을 위해 무료로 운영하고 있으니 언제든 나오기만 하면 된다고 알려주셨다.

부랴부랴 집으로 돌아와서 사랑방 사모님네 집 문을 두드렸다. 오늘도 여유롭게 티타임을 갖고 계신 우리 언니들. 제가 빅뉴스를 가지고 왔어요!

> "
> 아 글쎄, 보건소에 가면
> 무료로 인바디도 재주고 헬스도 이용할 수 있대요!
> 우리 같이 가서 운동해요!

내가 소식을 전하자, 사랑방 사모님이 "거기 우리 권사님들 많을걸?" 하셨다. "아니야, 사모님. 내가 오늘 아침에 한참 거기 있다 왔는데, 아무도 없어. 조용하고 좋아요~ 갑시다!"

이렇게 해서 막내가 선배 사모님들을 줄줄이 이끌고 담날 보건소 헬스장으로 위풍당당하게 레깅스 차림으로 등장하였다.

그리고 운동을 막 시작하려는데, "아이고~ 사모님들 다 같이 운동하러 오셨네?" 하며 언니 사모님들을 알아보고 말을 거시는 분들이 갑자기 여기저기서 출현하기 시작하셨다.

나는 어제도 오늘도 투명 망토가 있어서 사람들이 아무도 나를 못 보는 중에, 쫄쫄이 레깅스 차림으로 혼자만 부끄러움을 당할 수 없었던 사랑방 사모님이 "아 여기는 이번에 새로 오신 (벌써 2년 전에 왔다구요) 이 목사님 사모님이세요" 하고 나를 동네방네 다 소개를 해 주셨다.

#심지어 나보다 뒤에 부임하신 사모님도
  권사님들께서 다들 먼저 알아보심
#나는 누군가 여긴 어딘가
#그냥 혼자 다닐걸

#어떻게 오셨냐며 처음 오셨느냐며
 다정하게 다가와주시는 분이 요즘도 가끔 계시답니다
#숨어다니기의 달인

만날천날 부목사였으면 좋겠다
담임목사의 무게

✦ ✦ ✦

아유 오늘 또 무슨 행사가 있대.. 으아아 나가기 싫어...

오늘 아침도 나가기 싫은 마음과 싸우는 중이다. 나라는 사람은 왜 이리 밖에 한번 나가는데 큰 힘을 들여야 시동이 걸리는 건지.

쓱 앱을 통해 장을 보면 우리 동네 가장 가까운 이맛저맛 마트에서 오는 건데 왜 종량제봉투는 살 수가 없는 거냐며 이해하지 못하는 나다. 당연히 같은 구니까 주문하려는 건데, 왜? 종량제봉투 때문에 집 밖을 나가야 한다니. 도무지 납득이 되지 않는다.

한 번 외출할 일이 생기면 '나간 김에' 할 일을 최단거리로 계획하여 메모장에 적는다. 목록이 어찌나 빼곡한지, 기운이 그만 방전되어버려서 다 못하고 돌아올 때도 있다. 그렇게 한번 외출하면 또 며칠씩 두문불출한다.

집 밖은 위험해 모드인 나를 보면 남편이 "담임 빨리 나갈까? 담임되면 당신이 정 싫으면 안 해도 돼." 한다. 아니, 그럴 리가 있나 이 사람아. 자유가 많아지면 그만큼 책임도 더 커지는 법. 이것은 만고에 불변하는 인생의 법칙인 건데 담임사모에게만 적용되지 않을 리가 있어? 더 하면 더 하지. 드러나지 않을 뿐. 그 무게감을 생각하면 오늘 외출하기 싫은 마음쯤이야 이겨내야지!

"할 수 있을 때 기쁘게 해야지이. 나 다녀올게!"

나는 보통은 투명 망토가 있어서 숨어 다니니까 담임사모님의 눈물과 한숨에 관해 가까이서 볼 기회가 많지는 않다. 내가 담임사모의 무게를 단적으로 느낄 때는 교회 여전도회 행사가 있는 날이다.

> "
> 사모님, 이 회무침 간이 어때요?

누군가 담임사모님께 이 질문을 하면 옆에 어슬렁대던 나까지 동공에 지진이 일어난다. 보통 이건 맛있다는 답을 원하는 것이 아니기 때문이다. 회무침의 간을 가지고 달다, 싱겁다, 의견이 분분할 때 권사님 중 한 분이 담임사모님은 뭐라고 하시나! 내 말이 맞다고 하실걸? 하는 의도를 가지고 하시는 말씀이기에 그렇다.

진짜 어려운 지점은 여기서부터 시작된다. 3, 40년 살림을 하셨고 집에서 된장 고추장 다 담그는 살림의 달인이신 분들이 답이 안 나오는 맛이라면 사실 그건 이미 수준급의 맛이라는 점. 굳이 더 고치지 않아도 되는데, 한 방울의 감칠맛을 위해 기가 막히게 맛나게 하고 싶으셔서 간을 가지고 말씀들을 하시는 거라서 답을 드리기가 정말 어렵다.

히익, 과연 뭐라고 대답해야 솔로몬의 비법일까. 곁에서 지켜보는 내 마음이 조마조마하다. 담임사모님의 대답에 따라 누군가는 웃고, 누군가는 속상해진다.

"맛있게 잘 먹었습니다 권사님!!" 하고 접시를 다 비우기만 하면 되는 부목사모 자리에 만날천날 있고 싶다.

출간을 위한 글을 쓰기 시작하면서, 남편에게 "여보, 삼십 분 동안 말할 내용은 A4용지에 적으면 몇 장이나 돼?" 질문하게 된다. 한 꼭지 한 꼭지 채워가는 게 어찌나 힘든지. 일반 단행본에서의 한 꼭지는 기껏해야 보통 A4용지 2~3장 정도인데도 말이다.

"어휴... 새벽마다 설교하시려면 이게 대체 몇 페이지씩을 매일 쓰시는거야? 정말 힘들겠어. 이거, 보통 일이 아니야."
매일 설교를 하시고 공예배 때도 또 설교를 하시고 (일주일에 기본적으로 8번 정도가 된다) 주보에 칼럼까지 매주 척척 써내시는 담임목사님이 정말 대단해 보인다.

성도가 중병에 걸리거나 사업이 실패하면 목회자로서 마음이 참 무겁다. 이 세상에 산다는 게 다 그런 건데도, 잘못되면 목사에게 그 책임이 있는 것 같아 그저 송구한 마음이 든다. 우리 교구 성도님들의 무게만 해도 그런데 담임목사님 어깨에 얹어진 무게는 감히 짐작도 되지 않는다.

성도에게 무슨 일이 생기면 목사님께서 잠을 잘 못 이루신다고 걱정하시던 C사모님의 말씀을 기억한다. 잠자리에 누워서도 못다 한 기도를 하시다가 깜빡 잠이 들었다가 또 퍼뜩 깨어나 주여!를 외치며 간절히 기도하시느라 담임목사님께서 앉아서 주무신다고 말이다.

C사모님께서 그 이야기를 하실 때, 성도님께 일어난 안타까운 일 때문에도 걱정되는 동시에 잠 못 이루는 남편의 건강도 염려되고 참말로 복잡한 심경이 그 표정에서 다 느껴졌었다.

"아기 볼래, 밭에 나가 일할래?" 하면 열에 아홉은 다 밭을 선택한다는 말이 있다. 육아가 밭일보다 힘든 건 잠시 후 닥칠 일을 예상할 수가 없고 (언제 갑자기 응가를 할지, 열이 나고 아플지 베테랑 엄마도 예측이 불가능하다) 무엇보다, 막중한 책임감 때문이리라.

#저는 못할 것 같아요

#사람이 잠은 자고 살아야지

코로나 덕분에

플로팅 크리스천

◆ ◆ ◆

코로나19 초기, 정부의 방역정책에 기상천외한 거짓말로 사람들을 놀라게 한 별천지 이단을 비롯 비협조적이었던 일부 교회들 때문에 한국교회는 많은 지탄을 받았고, 예배는 힘을 잃었다.

방송실 스탭과 악기팀, 최소한의 싱어(부교역자들로 대체됨)와 설교하실 목사님만 모여 커다란 본당에 그마저도 서로 멀리 멀리 앉아서 음향으로만 만들어낸 유튜브 예배영상을 제작하기도 했다. 아이들은 기약 없이 등교가 중단되었고, 저학년은 매일 담임선생님이 보내주는 종이접기 영상이나 하릴없이 따라하는 등 초유의 마비와 공백 사태였다.
그곳에 나도 있었다.

처음엔 대체 이게 무슨 일인가 싶었다.

멀리 우한이라는 듣도보도 못한 곳에서 생긴 감기가 어쩌라는 건지?

그러다 우리나라에, 내가 사는 도시에, 우리 동네에, 우리 아파트 복도 바로 앞을 배회하며 점점 좁혀오는 바이러스의 공포에 숨이 막히는 듯했다.

교회에 가지 말라는 게 방침이었다.

나도 어린아이를 키우는 입장으로서 교회뿐만 아니라 그냥 그 어디에도 나가고 싶지 않았다. 바이러스가 예수님 믿는 사람과 아닌 사람을 가려서 침투하는 것도 아니지 않나. 하지만 주변의 시선 때문에 최대한 마지막까지 현장을 지켰다. 나와 우리 아이들은 온라인으로 드리겠다고 하면 믿음이 없다는 소리를 들을까 두려웠다.

그래서 주일학교의 거의 모든 아이들이 온라인으로 참석 형태를 바꾸고, 아예 전체 교육부서 및 장년까지 모든 예배가 온라인화되는 마지막 주일까지 현장을 나갔다.

나는 진즉부터, 날씨도 춥고 아이들도 어려서 온라인으로 예배를 드리고 싶었다.

온라인 예배 전면화가 되고 나서, 아이러니하게도 사모가 된 후 비로소 처음으로 숨통이 트이는 느낌이 들었다. 무슨 예배 무슨 예배 각종 예배가 대폭 축소되었고 필수 공예배만, 온라인으로 대체되었다. 청년일 때는 내가 시간 될 때 나가서 섬겨도 오구오구 잘한다 소리 들었는데, 사모가 되니 주중 및 새벽까지 모든 예배를 다 나가면 그게 기본값인 게 너무 무겁고 지쳤었는데, 온라인예배가 되니 세상 이렇게 신이 날 수가 없었다. 물론 예배의 맛, 그 특유의 현장감은 없어 기도도 힘이 나지 않고 찬양도 부르기보다는 감상하는 쪽으로 변했지만 말이다. 그렇지만 목사님들이 한 주간 얼마나 고심하여 준비하신 귀한 설교를 한 번 휘릭 듣고 소비해버리지 않고 영상으로 두고두고 반복 재생하며 묵상하니, 포대기에 아기를 업고 찬밥에 물 말아 후루룩 정신없이 먹다가 식탁에 앉아 천천히 음식 맛을 느끼며 식사를 하는 듯한 느낌이 들기도 했다.

거리 두기가 사회 전반에 시행되어 각종 모임과 심방, 식사 자리가 다 없어졌다. 갈 만한 식당도 없었고, 많은 인원이 몰려 다니면 눈총을 받으니 그래서도 안 됐다. KF94 마스크를 써도 온전히 차단할 수는 없다는데 애틋한 마음은 잠시 접어두고 서로의 안부는 온라인으로 전하는 수밖에.

그토록 많던 모임들이 일순간 사라져, 이래도 되나 싶을 정도였다.

덕분에 남편 얼굴을 더 자주 볼 수 있게 되었고 나는 가면을 덜 써도 되었다. 정말 가볍고 좋았다.

이제는 악수 등의 신체 접촉이 실례가 되는 시대가 되어 예배 마치고 나가시면서 할머니 권사님들이 남편 손을 주무르시지 않게 되니 그것도 참 마음이 편해졌다.

교회에 매이는 시간이 줄어들어 책을 읽을 시간도 생기고 사람들을 만나 받는 자극이 줄어드니 마음도 고요해지고.
코로나 이전에도 극 내향인들은 이미 거리 두기의 삶을 살았어서 큰 외로움을 못 느낀다더니, 정말 맞는 말 같았다.

서점에 갔다가, 〈한국교회 트렌드 2023〉이라는 책이 눈에 띄었다. 홀린 듯이 사들고 집에 왔다. 거기에 내 이야기가 있었다.
어디에 굳이 소속되고 싶지 않지만 신앙은 유지하고 싶은 크리스천. 책에서는 이들을 [플로팅 크리스천]이라고 따로 이름을 붙였다. 교회에 실망하고 상처받아, 교회를 '안나가(뒤집으면 가나안)'기로 한 기존의 가나안 성도와는 다르다.

딱 나였다. 몇 년 주기로 목회지가 유동적일 수밖에 없는 부목사 사모라는 자리 때문에 교회 안에서 소속감이 얕고, 인터넷 매체가 익숙하며 온라인 예배도 예배가 될 수 있다고 생각하는 젊은 세대.

나, 알고보니 트렌드를 앞서가는 핵인싸?!

남편을 허겁지겁 불렀다.

"
여보오~!
여기 2023 트렌드 책에 내 이야기가 나와!
나, 아싸(아웃사이더의 줄임말)인 줄 알았더니
완전 트렌드를 앞서가는 인싸였나 봐?

여기에 보니까 나 같은 사람들이 굉장히 많대.
당신, 앞으로 목회하려면
바로 나 같은 타입의 성도들을 어떻게 대해야 할지
그 계획이 반드시 필요할 것 같은데? 그러니까 나를 연구해!
궁금한 거 있으면 물어보고~ 알겠지?!

식당에서 일행끼리도 한 사람씩 떨어져서 앉으라는 지침이 한창일 때, 우리는 이사를 했고 유튜브 라이브 카메라 앞에서 부임인사를 했다.

모르는 얼굴이 마스크를 쓰고 있으면 그 얼굴은 영원히 모른다. 이후 현장예배가 회복되었을 때, 모르던 얼굴들이 마스크까지 쓰고 있으니 1년이 지나도 계속 사람들을 못 알아봤다. 우린 서로 그렇게 못 알아보는 채였고, 안녕하세요~ 인사를 드리면

네 안녕하세요~라는 멀멀한 대답이 돌아왔다. 그러다 어느 순간부터 내가 여느 때처럼 안녕하세요~ 인사를 드리면 "네, 안녕하세요 사모님~"하고 대답하시는 분들이 하나둘 생겨났다.

또다시, 나는 그들을 모르는데 그들은 나를 아는 상황.
숨이 막혔다.

모이는 걸 힘쓰라고 했는데.
되도록 안 모이는 걸 좋아하는. 이게 나다.

이게 옛날부터 원래 내가 가진 색깔인데, 교회에서는 믿음이 없는 사람이 되고 만다. 학교에서는 조용히 성실히 자기 할 일 잘하는 학생으로 평가받는데 말이다.

#어쩌면 좋지
#오늘도 조용히 떠다니는 중

내가 남편을 남편이라
부르지 못하는 것은

집에서 잠옷바람으로 굴러다니는 사람을 깍듯이 존대하는 법

✦ ✦ ✦

"우리 목사님이~"

지금은 그래도 큰 어려움 없이 잘하는 말이지만 이 말 한마디 입 밖에 내기가 참 쉽지 않던 시절이 있었다.

결혼을 하고 이전에 다니던 교회를 떠나 남편의 사역지로 출석하기 시작했을 때, 다들 나를 친절하게 대해주시지만 가까이 대해주시지는 않았다. 그 어색함 속에 교회를 오가는 중에 유난히 나를 반갑게 알은체를 해 주시던 목사님이 계셨다.

"안녕하세요~ 사모님!"

아아, 지금 다시 그때 기억을 떠올려봐도 참 반갑게 인사해

주시던 W목사님의 음성과 표정이 눈에 선하다. 그런데, 목사님의 그 알은체가 너무 고맙고 반가우면서도, 뒤에 호칭은 좀 빼고 불러주시면 좋겠다는 생각을 했다.

저더러 사모라니요. 저는 그냥 로다빈데요. 제가 있어야 할 곳은 청년부 같은 느낌에 어색할 뿐인데, 거기다 사모님이라니요. 아이구 아이구우우우.

그래도 누가 불러주는 걸 듣는 건 한결 나은 처지였다.

남편이 목사안수를 받고, 성도들과 이야기 중에 남편을 지칭해야 할 경우에는 정말 저어엉말 난감했다. '목사님'이라니.. '남편'이라고 불러야 되나? '오빠'는 좀 아닌 것 같고.

집에서 맨날 잠옷바람으로 굴러다니는 사람인데... 성도들이야 목사님이 맞지만 나도 목사님이라고 해야 되는 건가? 내가 그렇게 부르면 성도님들 보시기에 사람이 겸손해 보이지가 않고 유난이고 웃기다고 생각 들지 않을까? 결혼하자마자 사모놀이에 푹 빠졌나 보다고 우스워하심 어떡하지?

그렇다고 다들 그렇게 부르는데 나만 남편이라고 하면, 오히려 '너만 특별해?' 하는 느낌이 드실까? 머릿속이 맨날 뒤죽박죽

복잡했다.

그러던 중에, 담임사모님을 비롯 부목사모님들 전체가 모인 자리에서 남편목사님에 대한 호칭문제가 화두로 등장한 적이 있었다. 그 당시에 사모님들은 남들과 대화 중에 지칭뿐만 아니라 실제로도 남편에게 늘 목사님 이라고 깍듯이 대하는 분, 남편이라고 하시는 분, ○○아빠 라고 부르시는 분, 다양했다.

그런데 담임사모님께서, 상황 따라 남편도 괜찮으나 되도록 '목사님'으로 성도들과 같이 통일하는 게 좋고, '○○아빠' 만큼은 안된다고 못을 박으셨다.

비슷한 시기, 우리 부부는 부모가 되었고, 시부모님께 남편을 지칭할 때 '오빠가요~' 하기도 그렇고 하 뭐라고 해야 하지? 싶었는데 ○○아빠, 혹은 아범이라는 표현이 생겨서 너무 좋다고 생각했기에, 나는 내적 소용돌이에 또 빠지게 된다.

개인적으로, 사모들끼리 모인 자리에서는 어떻게 불러도 상관없다고 생각했기 때문이다. 여기 지금 목사랑 안 사는 여자 있냐고. 그런 자리에서도 ○○아빠, 남편 등의 호칭보다는 목사님으로 쓰라니요.

그래서 고민 끝에 나는
웬만해선 남편을 부르지 않기로 했다.
성도들과 대화 중에도, 교회에서도. 만나지도 말고 부르지도 말자!! 부를 일 자체를 안 만들면 호칭을 신경 쓸 필요도 없는 거야. 그렇게 생각했다.

지금도 나는 교회에서 남편을 만나면 그가 먼저 다가와주지 않으면 데면데면하게 지낸다. 주변에 아무도 없을 때는 순식간에 쫑알이가 되는데, 성도들이 계실 때는 부르지 않는다. 할 말이 있으면 카톡을 보낸다. 물속에서 숨을 참는 게 당연한 것처럼, 그냥 그게 몸에 익어버렸다.
심지어 같은 찬양팀에서 섬기고 있는데도 나는 단톡방에서도 예배 때도 목사님께 아무 말도 걸지 않는 유령 같은 팀원으로 머무르고 있다.

#대화는 하는데 절대 부르지는 않아
#이름 부르면 죽는 병에 걸렸나

옛날엔 선풍기만 갖고도 살았어

난방에는 관대한데 냉방에는 인색한 사고

✦ ✦ ✦

결혼하고 처음 살게 된 사택은 교회 옥상 위에 얹어진 컨테이너 박스였는데, 내 평생 그렇게 죽도록 덥고 춥고 바선생이 드글거리는 집은 전에 없었고 아마 앞으로도 만나기 쉽지 않을 듯하다. 여름에는 찜통 그 자체였고 겨울에는 이불을 덮어도 입김이 났다.

바람이 통하지 않는 박스집이라서 여름엔 정말 숨이 콱콱 막히는 더위였는데, 이사 가고 첫 해엔 그 집에 에어컨이 없었다. 그리고 성도들은 교회 옥상이니까 아무 때나 올라오셨고, 새로 부임한 부목사 사택이 궁금해서 불쑥 들어오시기도 일쑤였다.
집에 초인종이 따로 없었는데, 노크도 없이 갑자기 문고리가 철커덕 철커덕 하며 누가 열려고 하는 순간에 느껴지는 공포란_

두 칸짜리 컨테이너에 한 칸만 우리 집이고 옆칸과는 창문으로 연결되어 있어서 사용하지 않는 빈칸 쪽으로 들어오면 뿌연 창문에 우리 집 불빛이 다 비쳤는데, 집이 잠겨 있으면 그쪽 열린 문으로 들어와서 창문 앞을 기웃기웃 대는 사람의 실루엣이 그렇게 무서울 수가 없었다.

약속 없이 갑자기 만나는 만남을 전혀 반가워하지 않는 나로서는 너무나 큰 부담이었다. 에어컨 없이 찜통 속에 있자니 옷차림도 가볍기 그지없었단 말이다. 그래서 처음엔 현관에 긴 커튼을 달았다. 그런데도 굳이 "사모님~ 계세요?"하고 발부터 들이미시는 분들이 꼭 있다. 결국 나는 여름은 물론이고 날씨가 아무리 좋고 바람이 좋은 계절이 와도 현관문을 닫고 살았다.

거기서 사역하는 내내 남편은 점심도 저녁도 나와 함께 먹지 못했고, 나는 그 옥탑방의 찜통 속에서 창문들까지 다 꼭꼭 잠근 채 혼자 찐빵이 되어 갔다.

그때는 우리 남편이 철이 없기도 했고, 담임목사님이 사모님을 홀대하시는 거를 자꾸 보고 배워서(?) 그런 건지, 그 옥탑방 성냥갑에 나만 두고 밤새 스키를 타러 가기도 했다. 혼자 살아

본 적 없이 결혼한 난 처음엔 빈 집에서 혼자 자는 게 많이 무서웠는데, 아이가 태어나고 나니 그 조그만 아이가 의지되면서 무섭지 않았다. 사람들이 이래서 강아지를 키우나 보다 싶었다.

험난한 환경에 살다 보니, 작은 개미만 봐도 기겁을 하던 내가 바퀴벌레를 거실슬리퍼로 바로 때려잡는 험악한 여자가 되었다.

그렇게 하루하루 힘겹고 우울하게 살아가고 있는데, 교회에 가니 어르신들이 이런 말씀을 하셨다.

"
옛날에 우린 선풍기만 갖고도 살았어.
요새 사람들은 뭐 조금만 더우면 에어컨 켜지.

그렇군요!
그때는 사람이 안 죽는 더위였었죠. 그게 어디 더원가요~?
라고 반문하고 싶었다.

24시간 내내 에어컨을 돌려대도 시원찮을 집에서 달랑 선풍기만 갖고 살고 있는데, 얼마나 덥냐 고생한다 소리는 못 할 망정 이게 무슨 염장 터지는 소리란 말인가.

그러는 중에 정수기 코디님이 우리 집에 오시더니 집이 너무 더워 죽겠다며 한말씀 하셨는데, 그때 느낀 가슴의 사이다는 지금도 잊을 수 없다.

"
겨울에 보일러 안 틀고 살 수 없잖아요?
겨울에 난방이 당연하면 여름에 냉방도 당연한 거지.
보일러는 가을부터 봄까지 틀어대면서
여름에 한 달 반 에어컨 켜는 건
왜 이렇게 죄짓는 기분으로 해야 돼?

우와, 아이 셋 맘이 되면 저렇게 명쾌해지시는 걸까?
사실 가혹한 환경에 보일러 없이 살게 한 거나 다름없는데, 왜 불합리하다고 말하지 못했을까. 나 또한 난방에는 관대한데 냉방에는 인색한 사고에 젖어 있었던 듯하다.

시댁에 에어컨을 바꾸시면서 전에 쓰시던 거를 우리 집에 주셔서 이듬해부터는 조금 형편이 나아졌다. 그런데!

우리가 그 집에서 이사를 나올 때, 나의 소중한 에어컨을 놓고 가라고 하셨다. 그게 이 집에 들어올 후임 목사와 교회에 덕이 된다고 하셨다.

어디가 은혜로운 포인트인지 하나도 이해하지 못한 채, 밀어붙임을 당했다.

#그게 덕이 되잖아
#한국말인데 왜 이해가 안 될까요

#벼룩의 간을 내어드실 참이로세

뭐든지 집으로 갖다드려유

요청한 적 없는 룸서비스

✦ ✦ ✦

사택은 신비롭다.

여느 집처럼 이 집도 분명히 개인이 살고 있는 공간이지만 묘하게 공적인 공간으로 인식되기 때문이다.

박스집에 살 때의 일이다. 그땐 내게 일어나는 모든 일들이 교회 건물 안(정확히는 교회 옥상 위)에 있었기 때문에 그런 줄만 알았다. 무슨 일이 있었냐면-

1

아침에 문을 열고 나왔는데 옥상에 누군가가 의자를 놓고 우리 집을 향해 우두커니 앉아 계신 적이 있다. 정말이지 기절 초풍하는 줄 알았다. 기도를 하시는 것 같지도 않고, 그냥 그렇게 우두커니 앉아계시는 것이다. 왜 그러고 계시는 건지 짐작하려 해도 이해가 안 됐다. 기도는 본당이나 따로 마련된 기도실에서 하면 되실 텐데. 왜 여기에 계시느냐고 물어도 요즘은 사방에 가는 곳마다 씨씨티비가 없는 곳이 없다는 둥 알아들을 수 없는 뚱딴지같은 말씀만 하시며 내려가시래도 꿈쩍 안 하셨다. 게다가 그분이 우리 교회 성도님도 아니었다는 점이 정말 쌔한 포인트. 왜 남의 교회 건물, 남의 집 앞에서 그러고 계신 건지. 경찰에 신고라도 해서 사적 영역에서 쫓아내고 싶은데, 그런 방법은 은혜롭지가 않으니 그저 본인이 내키실 때까지 그러고 있도록 두는 수밖에. 옥상에서 동네를 내려다보는 자리도 아니고 우리 집 현관문을 향해 자리 잡은 그분은 몇 시간 동안 그렇게 옥색 페인트가 발라진 컨테이너 박스를 묵상하며 앉아계시다 갔다.

2

교회에 행사가 있어 여러 명이 씻어야 하는 상황이 생기면, 우리 집 화장실을 오픈해야 하는 것으로 생각한다. 어차피 교회에서 제공한 집이니, 필요하면 언제든 집 문을 개방해야 한다는 입장이신 것 같았다.

수많은 사람들이 사용하고 난 뒷정리(배수구 머리카락, 그날 이신 분들의 흔적 지우기, 수건 빨래)는 당연히 내가. 깨트리고서 미안하단 말 한마디 않고 가신 양치컵 교체도 내 사비로.

3

교회에서 가동하는 에어컨은 용량이 크기 때문에 옥상으로 연결된 실외기에서도 상상초월 소리와 열기가 나온다. 그 소음과 열기는 이미 하루종일 땡볕을 잔뜩 쬐어 한껏 열을 머금고 있는 우리 박스집으로 고스란히 들어올 수밖에 없다. 그런데 우리 집 가정용 에어컨 실외기가 옥상 한구석에서 달달달 돌아가고 있으면 옥상에 올라오신 분들이 사택에서 에어컨을 너무 돌린다며 걱정 (정확히는 교회에 청구될 전기세 걱정)을 하셨다.

그래서 나는 교회 안에 사는 게 너무 싫었다. 그런데 그다음 사택은 교회 밖에 살게 되었음에도 큰 차이점은 없었다.
　이번엔 시골이어서 그런 거겠지 생각했다.
또 무슨 일이 있었냐면—

A

젖먹이 아기를 키우느라 밤낮없이 계속되는 수유로 정신이 없던 시절이었다. 아무 때나 열어 헤치기 편한 차림으로 집에 있는데, 띵동~ 초인종이 울렸다. 나가보니 곧 명절이 다가온다고 '직접' 선물을 가지고 오신 거였다.

아… 사무실로 주시면 목사님들이 잘 챙기실 건데_

내 얼굴도장을 찍고 전해주고 싶으셨던 것인지 모르겠으나, 슬픈 점은 나는 사실 사람들 얼굴을 잘 기억하지 못하고 같은 반 친구 이름도 방학이 지나면 일부는 까먹을 정도로 엄청난 까마귀라는 점이었다. 그렇기 때문에 개인적으로 특별한 관계가 형성되거나 예배 때 앞에 많이 서시는 분이 아닌 이상 누가 주신 선물인지 더 알 수 없게 되어버리기도 일쑤였다.

날짜가 가는지 마는지, 명절이 오는지 헤아릴 정신이 없었던 나는 첫 방문 이후로 한 시간 두 시간 간격으로 온종일 계속 울리는 초인종 소리에 정신을 차릴 수가 없었다. 아기를 재울만하면 초인종이 울렸고, 아기에게 젖을 주고 있는데 또 초인종이 울려댔다. (나는 한번 사출이 시작되면 소방호스처럼 쏟아지는 젖이었다... 중간에 아기 입을 떼면 멈추는 게 아니고 그냥 계속 쏟아지고 있다구요_ 맙소사)

아니 명절 아직 안 왔고, 주일도 한번 남았는데!!!! 주일날 교회에서 주시면 안됐으까나?!! 생각이 들었다.

그렇게 일찍 선물을 주시는 분도 있는 반면, 명절은 이미 토요일이었고 주일 예배 마치고 우리도 뒤늦게 부랴부랴 집으로 출발했는데 "목사님~ 가셨슈? 내가 묵을 쒀 왔는디~"하고 집 앞에서 전화를 주시는 권사님. 우린 차를 돌려야 했다.

—
B

알려진(?) 집이다 보니 불시에 찾아오시는 분들이 참 많았다. 좋은 마음으로 오신 걸 텐데, 직장을 관두고 아직 상실감에서 벗어나지 못해 수시로 속상하던 그때의 나는 성도님들의 그런 행동이 "사모인 네가 교회랑 집 말고 딱히 갈 데가 어디 있냐?

그러니 아무 때나 약속 없이 찾아가도 너는 내 부름에 응해야지" 하고 행동으로 보여주시는 것 같아 기분이 정말 나빴다.

현관문은 대체 왜 옛날 할머니 고방 유리 같은 걸로 되어 있는 건지, 집안에 불이 켜졌나 사람이 왔다 갔다 하는지가 다 비치는 문이었다. 현관문으로서의 기능을 제대로 감당하지 못하는, 참으로 허술하기 그지없는 문이었다. 그 문 때문에 항상 불안하고 무서웠다. 남편이 교육부서 수련회 등으로 집을 비우는 날이면 밤에 누군가 그 유리를 깨고 집에 들어올 것만 같은 두려움이 들었다.

게다가 선임사모님은 우리 부사모들의 일거수일투족을 다 꿰뚫는 분이셨다. 동네 CCTV 정보가 다 선임사모님 핸드폰으로 전송되기라도 하는 건지, 어디 다녀왔냐 누구랑 아까 만나던데 무슨 이야기했냐 물어보시고. 성도들은 아무 때나 초인종을 눌러대고. 환장의 콜라보였다.

하루가 가는지 마는지 알 수가 없었던 먹통 박스집을 벗어나 사방 창문으로 햇살이 들어와 잠시간 행복했던 나는 그 많은 창문에 암막커튼을 달게 되었다.

―
C

집에 만약 보일러 등 문제가 생기면 시설관리 하시는 장로님께 말씀을 드려서 수리과정을 진행시켜야 하는데, 내도록 반응이 없다가 어느 날 불현듯 "사모님, 지금 갑니다!" 하고 오신다. 그 날과 시는 아무도 알 수가 없다. 예수님의 다시 오심처럼 말이다.

새벽기도 마치자마자 오시기도 하고, 외출 중일 때 오시기라도 하면 현관문 비번을 알려드려야 한다. 친정엄마도 시어머니도 모르시는 우리 집 비밀번호를 말이다.

한사코 자긴 괜찮다 하시니 어쩌~ 내가 안 괜찮은 건 아예 논외이니 말이다.

주소지가 계속 달라지지만 이토록 한결같이 신비로운 집에 살면서 스트레스도 많이 받고 황당한 일도 많았다.

앞으로는 또 어디에 살게 될까. 그곳은 또 어떤 문화를 가진 곳일까. 같은 한국 안에서도 동네마다 교회마다 엄청난 문화의 차이가 있다.

당신이랑은 오지 산간 그 어디에서도 즐겁게 살 수 있을 것 같아서 결혼했는데 난 이제 정말 어떤 집에서도 적응할 수 있을 것 같아.

#어메이징

| 적응의 달인이 될 것이다

언제나 비가 새는 우리 집

쓰다 보니 더 신기하네, 물과의 인연

✦ ✦ ✦

사택에서 살다 보니 재미있는 일이 참 많았다.

교회에서 제공해 주는 집에 그냥 들어가야 하는 처지이다 보니, 그 동네를 두 번째쯤 가는 날이 곧 이삿날이 되곤 한다. 그래서 동네에 대한 지리감이 전혀 없이 바로 생활과 적응을 동시에 시작하게 된다.

교회 건물 안에도 살아 보고, 교회 밖에도 살아 봤고, 컨테이너 박스에서도 살아 봤고, 부목사들끼리 오종종 모여 있는 빌라에 살기도 했다.

너무너무 좁아서, 한 사람 살기에도 부족한 집이 있었는데, 여기는 저희 살림이 들어가지 않아서 어려울 것 같다고 했더니 냉장고 같은 건 집 밖에다 두면 된다는 말도 들어봤다. (그 말

딱 들으니 목사님이 어떤 분이신지 알 것 같아서 뒤도 돌아보지 않고 손절했다)

한 번은, 아파트 엘리베이터부터 교회에서 기증한 거울이 떡하니 붙어 있더니만, 복도를 쭉 따라 집까지 걸어가는데 복도의 모든 집에 〈OO교회〉 문패가 붙어 있는 엄청난 아파트의 사택에 살게 될 뻔도 했다. 그 교회에 부임하지 않게 되어서 참 다행이었다. 아직도 생각하면 앞이 아찔하다. 위아래 앞뒤 좌우집이 모두 성도집이라니, 집인지 일터인지…

참 다양한 지역과 동네에서, 다양한 형태와 크기의 집에 살아봤지만, 특이하게도 우리 집은 늘 물과 연관이 깊은 것 같다.

첫 사택은 1월의 한겨울날 이사를 했는데, 이삿날 밤에 주방에서 물이 터져서 119가 출동했었다. 이삿짐 사람들이 돌아가고 난 뒤 남은 잔짐을 정리하고 있는데 주방 싱크대 벽에서 갑자기 엄청난 물살이 튀어나오기 시작했다. 서둘러 손으로라도 막아보려 했지만 도저히 막을 수 없는 수압이었다. 그 엄청난 기세에 눈도 제대로 못 뜨고 생 차가운 물임에도 너무 당황하여 추운 줄도 모르고 벽을 막으려고 애쓰며 119! 119! 를 남편에게

외쳤더랬다.

신혼이라 살림도 다 새 거였는데, 주방 집기와 선반장 등 모든 살림이 순식간에 다 젖어버렸다. 이미 하루종일 짐을 닦고 청소를 했는데, 물폭탄에 쫄딱 젖은 바람에 처음부터 다시 냉장고부터 시작하여 모든 살림을 다 들어내 다시 닦고 정리했다.

싱크대 문짝은 옳게 된 게 한 개도 없었다. 덧니도 그렇게 심한 덧니가 없었다. 도저히 거기서 무언가를 만들어 내고 시간을 보내고 싶지가 않았다. 그런데 남편은 이사하자마자 곧바로 미친 듯이 바빠, 나 혼자 싱크대 문짝을 모두 떼어내 닦고 시트지를 붙이고 손잡이를 바꾸어 달았다. 시장에 가서 싱크 집에 가 싱크볼을 사비로 바꾸어 달았다. 이전에 살았던 사모님의 충격적인 살림 실력에 청소를 할수록 욕지거리가 치밀어 올랐다. 이삿날 바퀴벌레를 많이도 보았다. 정말 그 집에 살고 싶지 않았다. 하지만 선택권이 없었다. 교회 밖에 집을 얻을 돈도 없었지만, 이제 와서 교회 밖에 산다고 하면 그냥 사임하라고 할 목사님이셨다.

그 집은 실로 엄청나서, 화장실에 맨날 알 수 없는 물이 어디선가 뚝뚝 떨어졌다. 그리고 4층에 사는데 비만 오면 집 떠내려 갈까 봐 잠을 못 자게 만드는 집이었다. 집으로 지어진 공간이 아니고 그냥 교회 옥상 위에 덜렁 앉혀진 컨테이너 박스였는데, 옥상의 배수구 지름이 내 주먹보다 작았다.

비가 조금만 많이 쏟아지면 배수관이 막혀서 옥상에 물이 범람했고, 컨테이너 박스(=우리 집) 안으로 곧장 밀고 들어왔다. 이상하게도 꼭 남편이 수련회를 가거나 집을 비운 때에 폭우가 쏟아졌고, 나는 만삭의 몸으로 장화 신고 혼자 집과 현관의 물을 바가지로 퍼냈다. 거기 살 때는 늘 현관에 물 퍼낼 바가지와 빗자루와 고무장갑과 장화가 준비되어 있었다. 물 퍼내다가 벼락이라도 맞으면 안 되니까! (상상력이 풍부한 겁쟁이다)

정말 내 평생 통틀어 최악의 집이었는데 우린 에누리 없이 무려 4년을 그 집에서 살아냈다. 거기서 건강하게 자라 준 우리 첫째 아가 정말 대견하고 기특하다.

두 번째 집은 사방에 창이 많아 햇살이 하루종일 드는 사랑스러운 집이었다. 지금이 몇 시 인지 계절이 오는지 가는지, 알 수 없게 해가 들지 않던 박스집에서 꼬박 4년을 살다 온 나는 그 집에 이사 가서 커튼값이 많이 들었지만 행복했다.

힘듦 총량의 법칙이 있다던가. 그곳은 선임사모님이 특이하셔서, "어제 밤늦게까지 불 켜져 있던데, 뭐 했어?"하고 물어보시곤 했다. 그래서 햇살 좋은 거실에 암막커튼을 달았다.

내가 어디 나갔다 오면 어디서 어떻게 지켜보시고 "어디 갔다 왔어?"하고 꼭 물으셨다. 적당히 어물쩍 넘어가는 대답은 용납하지 않으셨다. 그게 대체 왜 궁금하신 걸까. 어찌 그리 귀신같이 아시는 걸까. 내 차에 위치추적기라도 붙여 놓으셨는지 의문이었다. 그 사모님은 참으로 빛나는 사우론의 눈 같은 분이셨다. 지금은 횃불과 같은 그 레이저 눈을 성도들을 일일이 헤아리고 살피시는 데에 잘 쓰고 계시길.

거기는 알 수 없는 누수가 있는데, 누수전문가가 수차례 다녀가도 원인을 찾지 못했다. 그래서 일 년 내내 베란다 천장의 페인트가 서서히 떨어져 가루가 되어 내렸다. 연중 내내 크리스마스 같은 집이었다. 예수님을 기다리는 집이라고나 할까.

베란다엔 포기할 만한 살림만 두거나, 다 박스처리 후 축축한 바닥으로부터 공간을 띄워 수납했다. 그래도 베란다라는 게 있는 게 어딘가! 박스집에 살다 온 내가 아닌가!

그다음 집은 거실 한쪽 벽에 대형 어항이 있었다. 그 사택에 산다는 이유로, 어항까지 우리가 관리를 해야 했다. 가끔 청소를 하다 물이 넘치면 녹조 잔뜩 낀 어항 물이 우리 집 거실로 곧장 쏟아지곤 했다. 어항이 큰 만큼 여과기 모터소리가 살벌해서, 너무 시끄러웠다. 알 수 없는 전염병이 어항 속에 돌아서 물고기 사 넣는 족족 다 죽어버렸으면 좋겠다는 생각을 했다.

그다음 집은 보일러 연통이 이상해서 보일러가 자꾸 요실금 증상이 있었다. 몇 번이나 손을 봤는데도 도무지 보일러 요실금이 개선되질 않고, 베란다 바닥이 물이 철벙철벙 하게 차곤 하는데, 그게 언제 그렇게 될지 좀처럼 가늠하기가 힘들다. 그냥 보일러 맘이다. 하지만 내가 누군가! 바닥으로부터 살림을 띄워 플로팅 기법으로 살림을 사는 데 나는 이미 통달한 여자가 되고 만 것이다.

보일러 아래엔 여태 살면서 생겨난 헌 수건들을 쌓아 기저귀를 만들어주면 그만이다. 이런 일로 스트레스받지 않는 게 더 중요하다.

그래도 자상하고 사랑스러운 남편과 함께라서, 나는 어떤 조건의 집에 살아도 투닥투닥 즐겁게 살고 있다.

#당신이랑 살면서 내가 참 별일을 다 겪는다
#내가 더 사랑한다

준비된 대기인력 1, 2, 3...
하늘나라 상급 시스템

◆ ◆ ◆

    남편이 목사안수 받을 때 함께 나가서 기도받고 했지만 이 길이 나의 사명이라는 사명감은 솔직히 거의 없었다. 남편의 길에 그냥 부부니까 같이 서 있는다 정도였달까.

    누구여도 그렇지 않을까? 배우자의 일이 곧 나의 일이요 하며 당사자 본인만큼의 무게감으로 받아들이는 사람이 얼마나 있을까? 그러니 서로 가사분담을 안 하네, 회식은 왜 이리 잦냐 하며 싸우는 게 아닐까? 이건 나의 일, 저건 너의 일 하고 구분하게 되는 것이 보편적 인간의 심리이니 말이다.

    나는 남편을 만나기 전에, 진짜 아주아주 어릴 때부터 가끔 교회에서 "나는 사모가 되는 게 꿈이야" 이런 소릴 하는 소녀들을 보면 정신 나갔나 하는 생각을 하곤 했었다. 아니 누가 배우자의 직업을 자기 꿈으로 정한담? 너 자신은 아무 꿈이 없니?

그런데 인생은 앞일을 알 수가 없는 초콜릿 상자와 같다고 했던가. 공대를 다니는 내가 어쩌다 그만 신학생 오빠를 만났고, 이 오빠를 엄청 사랑하게 되어버렸다. 그냥 아는 사이일 때도 오빠랑 있으면 시간이 오데만데로 다 날아가곤 했었는데, 연애를 하니 이건 뭐 날마다 타임워프(시간여행)였다.

그러다 문득 이러다 오빠랑 결혼하게 될지도 모른다는 촉이 오자마자! 재빨리 고백했다. 우리는 안될 것 같다고. 아무래도 다른 분을 만나시는 게 나을 것 같다고. 나야 결혼 생각이 딱히 없으니 오빠랑 연애해 봐서 좋았지만, 오빠는 괜히 저한테 시간 버리지 말고 빨리 갈 길 가시라고 말이다.

나의 진정성 있는 거절에 오빠는 그런 건 전혀 문제가 되지 않는다고 했다. 일단 자기가 그런 아내를 원하지 않는다고 했다. 그러면서 원하는 아내상을 얘기해 주었는데, 오빠의 조건에 딱 맞는 사람이 나네? 내가 생각하는 남편의 조건에도 이 오빠가 딱일 것 같은데? 아 그럼 해야지, 결혼.

그래서 발을 디뎠는데, 우리 오빠가 원하지 않고 요구하지 않아도 담임목사님과 교회는 결혼 전 걱정했던 그런 점들을 내게

서 꺼내가고 싶어 했고 요구했다. 나의 하늘인 우리 오빠가 교회에서는 제일 낮은 서열이었다. 마음은 애틋했지만 마음일 뿐이었다.

고령의 사람에게 온다는 대상포진이 20대인 내게 오던 그날은, 추운 날씨에 젖먹이 아이를 안고 하루 종일 심방을 돌아치고 금요저녁 철야예배까지 갔다 온 날이었다. 아기집이 자리를 잡느라고 온몸이 나른하고 아랫배가 콕콕 쑤시고 아픈데도 연이어지는 심방에 미소를 팔아야 했다. 죄송하지만 심방 대상자가 누구인지 아무 관심도 가지 않았다.

성경학교에 교사가 모자라면 대타로 달려 나가고, 노방전도에 인원이 부족하면 임신하여 둥실둥실 부른 배를 부여잡고 차출되었다. 예배 반주자가 펑크가 나면 예배 시작 직전에 허겁지겁 들어가 어떻게든 반주를 해내야 했다. 못 나오면 못 나온다고 미리 말을 해주면 입이 못쓰게 되니?

그런 불성실한 애는 잘라야 되는데, 교회에서는 자르질 못한다는 것도 큰 문제다. 제 기분 따라 들락날락, 그 사이 공백은 부목 사모가 다 때우는 시스템. 내 시간은 전혀 눈곱만큼도 배려를 받지 못하는 것이 분통 터졌다.

나는 반주를 해도 피아노 전공자가 아니므로 성가대 반주자처럼 페이는 받지 못하고, 부목 사모니까 아무 때나 부르면 나와서 반주하는 건 또 당연했다. 모든 일이 다 그랬다. 남편이 반짝이는 스테인리스 냄비 세트라면 나는 그거 사면 곁에 덤으로 붙여주는 행사용 사은품 행주나 고무장갑 같았다.

목사의 아내로 사는 것, 내 진짜 이름을 잃고 '이목사님 사모님'으로 불리는 것_ 겉보기에만 그럴듯하지 실제는 스페어 부품 1, 2, 3 같다고 느껴질 때가 많다.

그렇게나 귀한 우리들은 아이를 낳고 100일도 되지 않았는데 한겨울 바람이 쌩쌩 부는 교회 마당에 나와 이른 아침부터 해가 뉘엿뉘엿 저물 때까지 무겁게 젖은 배추를 건지고 또 건져야 했다. 장갑을 속에 두 개씩 껴도 손이 시렸다. 김장 과정에서 한 거라곤 종일 물텀벙만 쳤는데 **김치 만드는 거 배우니까 좋지? 요즘 사람들이 어디서 이런 걸 배우겠어.** 라는 생색을 들었다. 기가 막힌 심정을 말했다가 누가 들을까 봐 아기 낳은 우리들끼리 서로 바라보며 눈빛으로 울었던 그해의 김장을 잊을 수가 없다.

친정엄마의 항암날에 하나뿐인 자식인 내가 모시고 가야 하는데 든든한 보호자가 되어 드리기는커녕 유방암 수술하고 두 달도 되지 않은 울엄마 아픈 가슴 위에 내 아이를 안겨 겨드랑이 림프절을 잘라 아픈 팔에 분유와 기저귀 가방을 들려 시외버스를 태워 서울로 올려 보내야 했다. 봐줄 사람이 정말 없어서 그런 건데, 사모가 아이를 들쳐 업고 김장에 나오면 권사님들이 일 시키기가 마음이 불편하다는 것이다.

너른 교회 마당에 어질러진 이놈의 배춧잎이 다 정리가 되어야 내가 시골에서 서울아산병원으로 출발할 수 있기에 아스팔트 마당에 착 달라붙어 쓸어지지 않는 배춧잎들을 맨손으로 미친 여자처럼 주웠다. 그리고 200여 킬로미터를 혼자 정신없이 운전해서 올라가 항암을 마친 엄마를 태우고 다시 시골 우리 집으로 모시고 내려왔다. 사람이 너무 에너지를 쓰고 힘 들고 있을 때는 아픈 줄도 힘이 든 줄도 모른다. 그 교회를 떠나 드디어 우아하게 폼 나게 서서 김치 속을 조금 비비는 둥 마는 둥 하다가 진짜로 **수육 먹고 가면** 되는 교회를 가니 그제서야 김장 때만 다가오면 마음이 그렇게 시리고 우울하고 눈물이 쏟아졌다.

교회는 분기별로 대청소 날이 있다. 전 성도들이 구역을 배정하여 온 교회를 깨끗이 쓸고 닦는 날이다. 그런데 놀랍게도 자모실은 아무도 들어올 수 없는 성역의 공간이었다. **거기는 그냥** 부목사 사모들이 매주 수요예배가 끝나면 **간단히** 청소를 하고 집에 가라고 하셔서 우리들은 등에 아기를 업고 커튼 털고 화장실에 락스 뿌리고 청소기를 돌리고 방석을 주우며 함께 먼지를 마셨다.

아이들 줄줄이 데리고 철야예배니 부흥회 집회니 예배 출석률 백 프로 찍는 것만도 힘들어 죽겠는데, 때로 사정이 생겨 봉사를 거절하면 **하늘에서 쌓일 상급이 없어진다**며 화를 내셨다. 죽이 되든 밥이 되든 제 상급인데 왜 그렇게 걱정을 하세요. 나를 이렇게나 챙겨주시는 고마우신 분들이 많아 눈물이 난다.
   계속 바뀔 사람의 손을 빌지 않고선 돌아가지 않는 시스템이라면 문제가 있는 거 아닐까.

내 마음 그릇의 얕디 얕은 바닥을 본다.

나는 사모가 되기 전부터 이미 번아웃이 왔던 것 같다. 학생 때, 청년 때, 열심히 했고 그러다 문득 슬럼프가 왔던 적이 있었다. 그때 내가 소그룹에서 지친 마음을 나누었을 때, "우리들 다 힘들어져서 잠수를 타도 다비 너는 그러면 안 되지. 너는 열방도 갔다 왔잖아" 라는 말에 너무 큰 상처를 받았다. 나라고 뭐 특별한 슈퍼맨이 아닌데 말이다.

교회란 열심히 하면 할수록 옳다구나 하며 더 큰 짐을 지워주고 그것을 감당해 내지 못하면 책망하는 곳인가 생각했다.

어쩌면 나는 남편과 결혼하지 않았으면 이미 교회를 떠나버렸을지도 모르겠다. 선교단체도 질려버렸고 교회생활도 지겨워, 유명 목사님들의 설교를 집에서만 찾아서 듣고 실제로는 교회에 발을 들이지 않는 사람이 되었을지도.

내가 사모로 살게 된 것은 나를 붙드시는 하나님의 섭리였을까? 알 수 없는 일이다. 30년 후쯤에 나는 어떤 사람이 되어 있을지 그것도 지금은 알 수 없다. 다만 오늘 하루 이번 한 주간을 열심히 살아갈 뿐이다.

청년 시절에는 나에게도 비전이 있었다. 마흔이 된 지금, 나는 내 부르심이 무엇인지 알지 못한다. 당장 내일 일어날 일도 나는 모른다. 모름지기 비전이란 살면서 점점 더 구체화되어야 할 것 같은데, 나는 어찌 된 게 살수록 오히려 더 모호해지는 듯하다.

나는 내성적이고 조용한 사람이라, 활동적인 방법으로 감정을 풀어내기보다는 마음을 혼자 조용히 글로 담아내곤 했다. 친정과 떨어져 친구들과 멀어진 곳에서 홀로 감당하는 삶, 예배에 묶여 있고 또 언제든 아이들에게 응답해야 하는 엄마로서의 삶을 살다보니, 어느새 작가의 꿈을 꾸고 있었다.

#꿈꾸는 아내

#오늘 행복하게 살자
#힘들 땐 툭툭 털고 일어나요
#부족해도 괜찮아

매번 간증이 있어야 하나요

고난 겪는 자를 바라보는 시선

✦ ✦ ✦

엄마가 돌아가신 뒤 한 달이 조금 지난 어느 날의 일이다.
작은 모임에를 나갔는데,
카페에서 차를 주문하고 자리에 앉자마자 대뜸

"
그래서, 어머니 어떻게 돌아가셨는지 얘기 좀 해봐.

하고 말문을 여신 분이 계셨다.
　장례 후 공예배 참석 외엔 별다른 외출 없이 지내다가 모처럼의 외출에 조금은 설레는 마음으로 나갔던 자리였는데, 당황스러울 따름이었다.

　암이 걸렸고, 관해 판정도 받았었지만 다시 재발했고, 그 뒤로 빠르게 악화되어 1년 만에 속절없이 떠나신 이야기를 어디서부터 어디까지 나눠야 할지 머릿속이 하얘졌다. 질문을 받자, 입에선 말이 나오지 않고 그저 엄마의 마지막 모습만이 눈앞에 떠올랐다.

송장인지 산사람인지 구분이 가지 않던 처참한 모습. 얼마나 말랐는지, 엄마 얼굴이 이렇게 작았나 싶었다.

누우면 폐에 가득 찬 물 때문에 더 숨쉬기가 힘들어, 앉아계셨지만 사실상 앉아있다기보다는 침대에 여러 베개들로 받쳐놓은 상태였던 엄마의 모습.

림프부종 때문에 엄마의 양팔은 내 다리만큼 부어 있었다. 손이 어찌나 굵어졌는지 야구글러브 같았다. 그런데 다리는 나무젓가락처럼 가늘어져 있었다. 골반뼈에 전이된 통증으로 거동이 힘들어 휠체어와 침대에 의지해 지내셨기 때문이다. 참으로 기형적인 모습이었다. 엄마의 마지막 모습은 어느 한 부분을 꼬집어 설명할 수 없을 만큼 온몸에 남은 고통의 흔적이었다.

유방암의 권위자에게 수술과 치료를 의탁했지만 재발했고, 죽기 살기로 하나님께 기도로도 매달렸지만 결국 예순다섯 해만에 저물어버린 엄마의 삶.

어떤 이야기를 듣기 원하시는 건지 알 수 없었다.

마음 같아선 모임이고 뭐고 일순간 다 때려치우고 집에 가고 싶었고 울고 싶었으나 그냥 그 이야기는 별로 하고 싶지 않다고 웃으며 대답을 드렸다.

같이 자리하신 다른 분들께서, 아기 울리려고 왜 그러냐며 오늘은 오랜만에 모인 김에 그저 즐겁게 차나 마시자고 하셨다. 그러자, "아니 나는~ 간증이 듣고 싶어서 그랬지이~" 하시는 게 아닌가.

무슨 간증을 할까요.

한번 나면 한번 죽는 건 정해져 있는 건데 무슨 간증이요?

아직 정리되지 않은 많은 감정과 생채기 위에 간증이라는 꽃이 피길 바라시는 게 참 무겁고, 무섭게 느껴졌다.

삶을 살며 일어나는 희로애락 가운데 매번 간증이 있어야 하나 싶었다. 그냥 그렇게 일어나는 일이고, 그저 겪어내야만 하는 일인데 말이다.

—

기도회 단톡방에 때로 인생의 큰 아픔의 골짜기를 지나는 분이나 암 등의 질병 때문에 개인적인 기도제목들이 올라오곤 한다. 그런데 그런 구구절절한 사연 아래에
"아무개 집사님, 감사하세요"
하는 말을 남기시는 야생고라니 같은 분이 가끔 계시다. 밑도 끝도 없이 갑자기 어디선가 툭 튀어나와 사람을 기함하게 만드는 한밤의 고라니.

그 말이 '지금' 필요한 말이라고 생각하시는 건지... 아파 너무 아파 고통스러워 기도를 요청하는 사람의 마음을 쑥대밭으로 만들 뿐임을 정말 모르시는 걸까?

이미 충분히 고통 가운데 있는 사람에게, "이그, 범사에 감사를 하지 못하네. 믿음이 없구나 쯧쯧" 하는 평가까지 남기는 듯한_ 고상한 말 말 말.

그런 분은 누구인지 프로필을 확인하여 기억해 둔다.
나도 괜히 저런 말 듣지 않게, 다음에 아무리 힘든 일이 생겨도 이 분께만큼은 절대 내 소식이 들어가지 않게 해야지, 힘든 일을 지나가고 있는 중에는 이 분을 교회에서 마주치면 저 멀리

피해 가야지 하며 기억하기 위해서다.

철저히 버림받고 십자가에서 인간이 느낄 수 있는 모든 고통을 체험하신 예수님 외에 그 누가 우리의 진정한 위로자가 될 수 있을까? 때로 인생의 아픔이 닥쳐 너무 힘들고 그 누가 이내 마음 알아주리오 싶을 때가 있다. 그런데 나보다 먼저 이같은 고통을 다 겪어 지나온 사람을 만나면 그이가 별다른 위로의 말을 하지 않아도 그저 함께 앉아 있는 것만으로도 큰 위로가 되기도 한다. 같은 아픔을 겪었다는 것은 그런 힘을 가진 것이다.

나는 '그런데, 예수님은 남자라 자궁내막증의 그 징글징글한 고통과 삶의 질 하락은 겪어보지 못하셨잖아'라는 생각을 하기도 했다. 그럼에도 불구하고 예수님께서 우리 육체의 모든 고통을 아신다는 사실이 나를 위로해준다.

사람은 언제나 자기 손톱 밑의 작은 가시가 세상에서 가장 아픈 법이다. 그러니 이것을 통해 주님이 너를 큰 그릇으로 빚어가실 거다 같은 말은 나중에, 아주 나중에 해도 늦지 않다.

큰 그릇 되고 싶은 사람은 없다. 자기 생긴 대로 살다 가면 본인의 행복지수는 오히려 높을 테니.

이 고난을 통해 넓은 그릇으로 빚어져갈 것을 미리 바라보고 기대하며 "앗싸 럭키비키!"를 외칠 사람이 얼마나 있을까? 어쩌면 끝내 인생의 시련을 모르고 아픔을 겪어보지 않은 동화 속 피터팬처럼 지내는 게 낫다는 생각이 든다.

이러저러한 몸과 마음의 아픔을 겪으면서
"아, 주님! 저 그렇게 대단한 사람 되고 싶지 않거든요?! 저 좀 내버려 두세요 제발!
뭐 맨날 공사 중이에요? 저렴하게 날림으로 공사 마무리한 건물도 제 나름의 쓸모가 있는 거라고요. 어떻게 모든 건물이 최상급 호텔 건물로 빚어져 간답니까?
저는 포장마차밖에 안 될 자인가 보니, 저 좀 편히 살게 내버려 두시라고요. 소박하게 쓰이는 삶이어도 저는 충분해요."
하고 기도를 했던 날도 숱하게 많았다.

예수님을 믿은 지 어느덧 30년이 훌쩍 넘었다. 난 아직도 예수님 한 분만으로 충분하지 못하기도 하고, 작은 말에 쉬이 상처를 받기도 한다.

넓은 사람이 된다면 좋겠지만_ 모두가 다 넓은 그릇이라면 두루미는 어떻게 식사를 하겠어. 간장 종지가 없다면 초밥은 또 어떻게 먹고. 그러니 나 한 사람쯤은 좁고 깊은 그릇으로 남아도 괜찮지 않을까?

#포장마차적 삶

#네가 하는 그 말이 침묵보다 나아야 한다_피타고라스

#무슨 말로 다 위로가 될까마는
   당신의 그 고통에 기도로 함께 동참하고 있다,
   기운 내라는 응원을 남기고 싶으시면
   단톡방 말풍선 밑에 작은 공감의 하트만 붙여주셔도
   충분합니다

#권사님의 직분에는 주먹 권자를 쓰지 않습니다

야 또 초상났대 대박이다 진짜

다들 빨리빨리 나와서 배웅해 드려

✦ ✦ ✦

예능을 보다가 황광희 씨가 삶을 즐겁게 사는 방법으로 카드사 번호를 저장하는 법을 듣고 크게 웃은 적이 있다. '야 또 돈 썼냐? 대박이다 진짜' 이렇게 저장한다고.

저런 기발한 방법이! 생각이 들었다. 돈을 안 쓰고 살 수는 없는데 아끼기도 해야 하고 스트레스받지 않는 유쾌한 잔소리를 만드는 광희 군만의 기술.

좋은 건 냉큼 따라 하는 열심다비는 휴대폰 전화번호부의 연락처들 중 어떤 번호에 광희 군의 사진을 넣어 '야 대박이다'로 시작하는 이름으로 저장하게 되는데…

바로 현재 사역 중인 교회의 대표번호이다.

나는 우리 교회 번호를 〈야 또 초상났대 대박이다 진짜〉라고 저장해 두었다.

교회에서 문자 오는 내용의 대부분은 장례 소식이다. 그런데 장례는 명절이고 휴가고 상관없이 언제든 나기 때문에 이게 참 은근히 스트레스가 된다.

교회에서 문자가 오면 '그래서 몇 교구지?? 교회장으로 하시려나?!' 싶어 가슴이 철렁하다. 교회장으로 상을 치른다고 하면 담당교구 목사는 사흘 내내 가봐야 하기 때문이다.

내가 쭉 지켜보니 몸은 늙어도 마음은 늙지 않는다는 말은 정말인 듯하다. 어르신들도 젊은 사람들과 다르지 않으시다. 우리가 꽃나들이 가고 단풍구경을 가듯이, 어르신들도 계절이 바뀌면 이제 짐 된 육신을 벗고 하늘나라로 소풍 가시는 것을 아마도 좋아하시는 것 같다. 봄과 가을에 장례 소식이 집중된다. 어떤 주간엔 세 분이 연달아 소천하시는 바람에 남편이 쉬는 날 없이 두 주를 보내기도 했다.

우리도 나름 일정이 있는데 어르신들 배웅도 해 드려야 하니 우리 일정이랑 겹쳐서 떠나시면 곤란할 때가 종종 있다. 특히나 추석에 가족들이 다 모이면 이제 마음 홀가분하게 떠나시는 경우가 참 많았다. 그래서 환절기의 중심에 위치한 추석은 조마조마한 명절이다. 이제껏 추석에 보내드린 어르신들이 몇 분인지 열손가락에 가득 차고도 넘친다. 그리고 명절 첫날 돌아가시거나 하면 우리 식구 명절도 덩달아 올스톱이 되었다.

부목사는 연차개념이 없기 때문에 1년에 휴가는 딱 한 번뿐이다. 그마저도 교회에 행사가 없는 주간으로, 목사들끼리 서로서로 한 주간씩 순서대로 쉴 수 있다. 연간 달랑 한 주 쉬는 날짜조차도 원하는 날짜가 아니라 눈치껏 요령껏. 그렇게 휴가를 떠났는데 장례가 나는 바람에 일정을 줄여 되돌아온 적도 있었다.

사모는 딱히 맡은 건 없지만 계속 교회 언저리에 배회하고 있어야 해서, 무연고지에 어린아이들을 데리고 지내다 보니 평소에는 친정나들이를 다녀오기가 쉽지 않았다. 오래간만에 엄마 아부지 만날 생각에 설레던 마음은 '아, 왜 꼭 돌아가셔도 이런 때 돌아가셔. 어휴 정말' 하는 원망으로 바뀌기도 했다. 남편에게, 맨날 무슨 장례가 이렇게 많으냐 당신은 대체 목사냐 장례지도사냐 하는 푸념을 늘어놓기도 했다.

그런데 광희 군의 꿀팁으로 교회 대표번호를 이렇게 저장하고 나니, 신기하게도 부고 문자가 오면 조금은 가볍게 느껴졌다.

마치 광희 씨가 "사모님 어머머 웬일이니, 할 일도 많은데 또 돌아가셨대. 미치게따 진짜~" 하며 호들갑스럽게 공감해 주는 기분이 들었달까.

그렇게 20대, 30대 시절을 보냈다. 이제는 〈야 또 초상났대 대박이다 진짜〉에서 문자가 오면 몇 교구인지, 우리 남편이 며칠 출동해야 하는지 여부보다 상주의 이름을 본다.

우리에게 아무리 천국소망이 있다지만 사랑하는 가족을 떠나보낸다는 것은 결코 준비되지 않는 일이기 때문이다. 인간적으로 매우 아쉽고 애석한 일이다. 그래서 부고 문자를 받으면 어느 성도님 댁에 일어난 슬픈 소식인지를 보게 된다.

날씨가 맑으면 맑아서, 비가 오면 비가 와서, 계절이 아름다우면 아름다워서 눈물이 나시겠지.

특히 명절에 부고가 전해지면 '이제 O집사님은 앞으로 명절만 되면 부모님 생각에 더 사무치시겠구나' 생각이 들어 마음이 아프다.

우리 사모님이 누구네는 가고 누구네는 안 왔다 성도들이 말씀하실까 조심스러워 대부분 직접 조문은 가지 않고 집에 있는 편이지만, 장례 후에도 한동안 상당한 성도님께 마음과 시선이 머문다. 평소보다 표정이 어두우시거나 하면 '주님, 이 또한 잘 견뎌내실 수 있도록 성도님께 힘을 주세요' 온 맘을 다해 기도하게 된다.

휴가를 되돌리고 명절을 반납하고 돌아온들, 나는 아이들과 집에 있지만 실제 현장에 나가 장례예배를 인도하고 애쓰는 사람은 남편이다. 그럼에도 남편은 리조트 숙박을 무르고 일정을 줄여야 하는 점에 다소 아쉬워하긴 했지만 가기 싫다는 표현을 겉으로 한 적이 없다. '내가 담당하는 성도님께 닥친 일이니 내가 당연히 가봐야지'하는 마인드였다. 불평하는 건 항상 나였고, 그러니 광희 씨의 공감에 만족하는 수밖에.

나는 언제나 내 앞에 있는 것, 내 권리가 더 중요했던 사람인데 사모로 계속 살다 보니 자리가 사람을 만든다는 말을 점점 실감한다. 장례에 대한 마음가짐이 스스로 달라진 것을 느꼈을 때 그랬다.

영혼을 잘 양육시키는 일을 하는 게 목사다.

인간의 삶에서 출생과 죽음만큼 큰일이 있을까? 그러니 장례는 장례식장 관계자들뿐만 아니라 목사에게도 매우 중요한 일인 것이다.

목사의 아내로 산 지 십여 년 만에 비로소 〈천국 '환송' 예배〉라는 말의 무게를 깨닫게 되었다.

남 일이 내 일이 되어간다.

#다시만날때까지
#안녕

똥맛 된장찌개와 심방의 상관관계

1만 시간을 채우면 일어나는 일

✦ ✦ ✦

〈일만 시간의 법칙〉이라는 게 있다. 어떤 분야의 전문가가 되기 위해서는 최소한 1만 시간 정도의 훈련이 필요하다는 법칙이다. 1만 시간은 매일 3시간씩 훈련할 경우 약 10년, 하루 10시간씩 투자할 경우 3년이 걸리는 시간의 양이다. 이는 1993년 미국 콜로라도 대학교의 심리학자 앤더스 에릭슨이 발표한 논문에서 처음 등장한 개념으로, 세계적인 바이올린 연주자와 아마추어 연주자 간 실력 차이는 대부분 연주 시간에서 비롯된 것이며, 우수한 집단은 연습 시간이 1만 시간 이상이었다고 주장한 데서 비롯됐다.

나는 이 말을 직장에서 처음 들었는데, 초보 시절 실수하고 풀 죽어 자책하던 내게 선배가 해준 말이었다.

"괜찮아 다비 씨. 재능보다도 더 사람을 다듬어가고 완벽하게 하는 건 거기에 들인 시간이야. 전문가가 되려면 1만 시간은 투자해야 된대. 다비 씨가 실수하는 건 당연한 거니까 너무 걱정 말고 이제부터 어떻게 수습할지를 생각합시다."

그런데 일만 시간의 법칙은 비단 프로와 아마추어를 나누는 세계에서만이 아니라, 삶의 다양한 영역에서 무의식적으로 적용되기도 한다.

―

나는 요리를 할 때 그다지 즐겁지도 않고 흥미도 없는데, 주변 사람들은 자꾸 내게 '넌 요리를 잘할 거야'라고 했다. 친정 엄마가 요리를 그렇게 잘하시는데 너 또한 요리를 잘하는 것은 당연한 거라고 했다. 내가 아니라고 하면 '먹어본 놈이 그 맛을 찾아서 결국 요리도 잘하게 되는 거야'하며 내가 요리를 잘할 거라는 그들만의 확신을 내게 주장했다.

많은 지인들의 이같이 굳건한 믿음에도 불구하고, 내 요리는 쉬이 늘지 않았다. 무언가 하나씩 만들어내면 맛이 없는 것은 아니었다. 그런데 그 과정이 너무나 지치고, 재미없고, 힘들다고 느껴졌다는 게 문제였다. 한 시간 동안 복닥대어 만든 것은 십 분이면 사라졌다. 허무했다.

맛있다는 대답은 그냥 만든 사람인 내 앞에서 보이는 최소한의 성의일 뿐 진심은 아니라고 생각했고 (사실과 상관없이 내가 노상 그렇게 생각한다는 데서 비극이 시작된다) 주변이 산뜻하게 정리되어 있는 상태를 매우 사랑하는 내게 — 실내 공기도 탁해지고 물이며 기름기가 사방팔방 튀어대고, 뒤돌아보면 싱크대 가득 설거지감이 쌓이는 일의 반복인 요리 활동은 스트레스 자체였다. 일련의 요리 활동 과정들이 전혀 성취감이 들지 않았다.

결혼 전 명절 때 우리 집에 와서 전을 나보다 더 예쁘게 부치며, 태우지 않고 전을 굽는 불조절의 요령을 가르쳐 주던 자상한 오빠는 결혼 후에도 그 인내심과 자상한 태도를 유지하며 늘 "맛있다, 다음엔 더 잘할 수 있을 거다" 말해줄 뿐 주방에는 결단코 들어오지 않았다.

친정엄마에게서 본 것 많고 먹어본 것 많은 경험은 요리의 질을 높이는 게 아니라 상차림에 관한 기준을 높였다. 만들어낼 수 있는 능력에 비해 한 상에 올리고 싶은 가짓수가 과했다.

  삼겹살을 구워 먹는 날에는 식초물에 쌈 채소도 씻어야지, 기름장 쌈장 골고루 준비해야지, 고슬고슬 윤기나는 밥도 꼭 압력솥에 지어야지, 파절이도 올려야지, 아 참참! 된찌도 놓칠 수 없지!!

  그런데 이 식단표엔 큰 문제가 있었는데, 이상하게도 아무리 맛나다는 된장을 받아다가 찌개를 해도, 끓이면서 간을 보면 똥맛이 나서 설탕을 쏟아붓지 않을 수가 없었다는 점이다. 그러니 완성되고 먹어보면 이게 도무지 무슨 맛인지, 마녀의 수프 같은 맛이 났다.

  내 기준에서 된장찌개 냄비에 들어가는 밑재료들이 너무 엉성하다 보니 (다진 마늘 고춧가루 새우젓 설탕 소금 후추 양파 대파 등등 이것저것 막 들어가야 안심된다고요) 왠지 불안해서 자꾸 중간에 간을 봤는데, 그러면 이게 무슨 맛인지 모르겠고 자꾸 똥맛이 나는 것만 같았다.

  그래서 매번 된장찌개를 끓일 때마다 설탕 퍼붓기를 멈출 수 없었고, 결과는 항상 대폭망이었다. 남편이 그런 일로 너무 스트레스받지 말라며, 대신 당신은 미역국이 기가 막히고 김치찜도 수준급이니, 잘하는 메뉴를 집에서 만들어 먹자고 했다. 그냥 비비고 된찌를 사 먹거나 아니면 된장찌개는 집에서 일상으로 끓이는 국이 아닌 거라고 생각하고, 가끔 고깃집에 갔을 때나 시켜 먹는 메뉴로 생각하자고 했다.

차차 주부 경력이 늘어가면서, 나는 뜨거운 상태에서는 맛을 잘 모르는 사람이라는 것을 알게 되고 혀로 간을 보는 것보다 코로 냄새를 맡아보고 맛을 어림잡아 양념을 넣는 게 훨씬 더 맛있는 음식으로 완성되더라는 걸 체득하고 나서야 음식 맛이 일정하게 나오게 됐다.

그리고 문제의 된장찌개는 〈믿음으로 끓이는 국〉이라는 걸 깨닫게 되었는데, 무릇 넣을 재료들을 다 넣고 났으면 이젠 맛있게 될 거라는 믿음을 가지고 보글보글 끓이면 된다는 것을 말이다.

이렇게 되기까지 십 년의 세월이 걸렸다. 과연 일만 시간의 법칙인 것이다.

이제는 아이들이 "엄마 오늘 된찌야? 신난다!" 하며 반색을 한다. 엄마표 된장찌개가 갈빗집 된찌보다 맛있다며 밥 한 그릇 더!를 외치는 지경에 이르렀다.

열심히 집중해서 최선을 다해서 일만 시간을 보내야만 실력이 쌓이는 건 줄 알았는데, 마지못해 생존을 위해 어쩔 수 없이 보낸 일만 시간도 소용이 있다는 걸 깨달았다.

그리고 또, 꾸역꾸역 하다보니 프로가 되어간 영역이 있다. 내게는 심방이 그렇다. 똥맛 된장찌개가 꿀맛 된장찌개가 된 것처럼, 열정 같은 거 없이 그냥 상황에 떠밀려 하는 것도 절대적인 누적 시간이 생기다 보면 는다.

내게 심방이란 아무리 좋은 곳에서 맛있는 음식을 먹는다 해도 부담스럽기만 하고 밥을 어디로 먹는지 모르겠고 '되도록 피하고만 싶은 것' 이었다. 그런데 목사의 아내로 십여 년을 훌쩍 넘게 살다 보니 '찾아가 봐야 되는데' 생각을 하고 있는 나를 발견하곤 한다.

나는 얼마 전에 큰 수술을 했다. 무려 3개 과 영역에 걸친 수술이었다. 수술 이후에도 입원 기간 대부분의 날들을 외부와 차단된 1인실에서 완전 금식을 하며 회복하느라 정신없이 일주일을 보냈다. 내가 쫄쫄 굶고 있다는 것보다 온몸이 아픈 게 더 큰 나날들이었다.

몸이 회복세로 들어서고 정신을 차리고 나니 내가 자리를 비운 날 동안 교회에는 무슨 소식이 있었는지 궁금했다. 교회 홈페이지를 들어가 주보를 찾아 광고란을 읽었다. 남편이 내 옆을 지켜주던 날, 김 권사님이 새로 사업장을 개업하셨다는 소식이 있었다. 남편에게 카톡을 보냈다.

개업 예배 어떻게 됐어? 우리 교구 아니야?
응 나 빼고 다 갔지
아이고 어떡하냐 죄송해서 어떡해

이전과는 달라진 내 마음가짐을 발견했다. 이전의 난, '아내인 내가 이렇게 큰 수술을 하는데 남편이 당연히 있어야지. 집구석 사역도 안되는데 밖에서 무슨 목사를 한다고 돌아다니는 거여' 생각했던 사람이었다. 때로 상황에 밀려 내곁에 있어주지 못했던 남편을 두고두고 기억했다.

이번에 들었던 마음은, '남편이 내 곁에 있든 없든 나는 수술했으니 어차피 아픈데 성도님의 정성과 온 자본을 모아 오픈한 사업장에 가서 마음껏 축복해 드리고 예배드려주어야 마땅하다'는 생각이었다. 사람이 갑자기 변하면 죽을 때가 된 거라던데 이것 참 걱정이다.

〈상처 입은 치유자〉라는 말이 있다. 내 인생에도 여러 가지 고난 풍파가 불어오면서 타인의 인생 가운데 불어오는 아픔도 보이고 진심으로 공감하게 되었다.

공예배 외에 무슨 기도회 무슨 기도회 참석해야 할 평일 낮 시간 집회들이 너무 피곤했다. '아유 귀찮아 왜 이렇게 자꾸 일을 벌이는 거야. 기도해서 뭐가 바뀐다고. 너무 비생산적이야. 차라리 회사 가고 싶다' 생각도 했었지만 결국 우리는 기도로 나아갈 수밖에 없다는 걸 배우게 됐다.

사실 뭐 그리 대단한 사명감이나 열정을 가지고 임한 건 아니었고 상황 때문에 했던 것이지만 절대적인 시간이 들어가다 보니 나도 모르게 잘하게 되고 익숙하게 된 것, 알게 모르게 더 있겠지. 오늘 발견한 이 마음처럼 또 어느 날 문득 발견케 될 내 모습이 조금 기대가 되기도 한다.

이제까지 인내심을 가지고 늘 격려하는 태도를 유지하며 결코 주방에 들어오지 않으시고 저를 기다려준 뚠뚠씨에게 감사와 존경을 표합니다.

#당신은 천생 양육자 맞네
#인내심 최강자

#심방, 가야지. 당연히
#당신이

삐치는 권사님

오늘은 또 무슨 일로..?

✦ ✦ ✦

연세가 우리 엄마뻘 되시는 권사님들이지만 가끔은 뭐랄까, 참말로 대책 없이 귀여우시다.

오늘의 이야기는 귀여운 권사님과의 일화로 시작한다.

새로운 사역지를 갔을 때 본격적으로 사역을 시작하지도 않았는데 가장 먼저 밥을 사주는 분을 주의하라는 불문율이 있다. 분명 뭔가 어필하고 싶은 게 있으신 분이니 밥만 먹고 앉아있으면 안 되고 정신 바짝 차리라는 얘기다.

뭐어, 그러겠어? 원래 목회자들에게 식사 대접하기를 좋아하시는 분일 수도 있잖아. 그렇게 생각했었다. 그러다 정말 '찐'인 분을 만났다.

자기가 얼마나 열심히 섬기는지, 건강도 재정도 얼마나 어려운지, 우리 부부가 여기 오게 돼서 얼마나 좋은지 말씀하시느라 식사도 거의 못 하시는 Y권사님을 만났다. 입으로는 계속 온화하고 따뜻한 말씀을 하시고 손으로는 계속 우리 앞접시에 다정하게 음식을 떠주셨는데, 왠지 모르게 눈빛이 싸늘하다고 느꼈다. 뭐라 설명할 수 없는 쌔한 느낌이 있었다.

   지나치게 빠른 속도로 다가오는 사람은 반드시 탈이 난다는 걸 이분을 통해서 배웠다.

   우리가 부임하기 직전에 Y권사님은 담임목사님께 서운할 일이 있으셨고, 목사님 보란 듯이 우리 부부에게 밤낮 애정공세를 퍼부으신 것이었다. 반찬거리, 캔커피, 과일, 아이들 장난감, 다양한 선물이 하루가 멀다 하고 쏟아졌다.

   인생사 새옹지마라 했다. 세상 모든 것은 파도처럼 들락 날락하게 마련이다. 한쪽으로만 기울면 그건 사랑이 아니고 쓰나미다. 대재앙.

   쓰나미처럼 밀고 들어오시던 Y권사님의 사랑. 당연히 영원할 수 없었고, 돌연 어느 날부터 권사님은 내 인사를 못 본 체하고 받지 않으셨다. 이번에는 우리 이 목사에게 서운한 점이 생기신 것이다. 그럴 줄 이미 알고 있었기 때문에 놀랍지도 않았다.

놀랍지 않았다고 해서 아프지 않았다는 것은 아니다. 서운하고 심장이 벌렁거렸다. 미움받는 것은 예수님도 쉽지 않은 일이셨을 거다. 권사님이 내 인사를 쌩하니 받지 않으실 때, 너무나 무안하고 눈을 어디에 둬야 할지 모르겠고 얼굴이 화끈대는 것 같았다. 그 순간 근처에 있던 사람들이 다 나만 보는 것 같아 숨고 싶기도 했고, 권사님은 대체 애처럼 왜 그러시냐고 따지고 싶기도 했다.

내가 뭐 대단한 걸 한 것도 없는데 Y권사님은 또 어느 날 갑자기 내 팔짱을 끼시며 "사모님~ 우리 차 마시러 갈까?" 하셨다. 사람이 이렇게 노골적이기도 쉽지 않은데. 이 분이 왜 이러시는 건지 〈궁금한 이야기 Y〉에 문의를 남기고 싶어졌다.

자기 자식뻘인 사람한테 이렇게 감정의 민낯을 드러내고, 심지어 그게 옳은 것처럼 행동하는 모습이란, 부끄러움을 모르는 것처럼 보였다. 그렇게 솔직할 수 있다는 게 때로는 참 대단해 보이기도 했다. 하지만 동시에, 나이와 관계없이 이런 건 예의의 문제가 아닌가 싶기도 했다.

잘 대해주시면 감사하기보다는 '아, 또 어디서 무슨 일이 생겼구나. 이건 그 사람 보라고 하는 행동이시겠구나' 싶었다.

정말로 진심에서 우러나서 잘해주신 적도 있으셨을 텐데, 권사님께 감정적으로 두들겨 맞고 나니 이제는 나도 방어적이 되어서 이건 또 무슨 의도가 있는 선물일지 계산부터 하게 되었다.

Y권사님 덕분에 나는 일희일비하지 않는 법을 조금씩 배워갔다. 사람의 감정은 때때로 기분을 흔들 수 있는 것이니까. 이런 분들이 많으니까 〈기분이 태도가 되지 않게〉 같은 제목의 책들이 서점가를 휩쓸고 베스트셀러가 되는 거 아니겠어.

사실 Y권사님 같은 분은 어느 교회에나 계시다. 정도의 차이가 있을 뿐. 담임목사님 부부와 우리 부부 사이에서 노골적인 줄타기를 하시는 Y권사님을 겪으면서 마음의 온도를 지키는 법을 배울 수 있었다. 우리를 엄청 사랑해 주셔도 '이 또한 지나가리', 우리를 막 미워하셔도 '이 또한 지나가리'.

그리고 친정엄마와 통화를 하면서, 우리 엄마도 Y권사님 같은 모습이 있다는 걸 보게 되었다. 목사님께 사랑받고 싶고 사모님께 특별한 사람이 되고 싶은 마음. 그 마음에 응답이 올 때는 너무 기뻐 하늘을 날듯 하지만 다른 사람을 더 특별하게 대하는 것 같으면 마음이 싹 식어버리는. 그런 모습들이 딸인 나에게도 비치고 있다는 사실이 왠지 애처롭게 느껴졌다.

그런데 목사와 사모는 어떤 특정한 성도만 예뻐하고 사랑해드릴 수가 없고, 그래서도 안된다. 그런 마음은 사실 그 어떤 대단한 사랑의 사도가 오셔도 채워드릴 수가 없는 부분이다. 결핍을 온전히 채울 수 있는 건 예수 그리스도뿐이다.

나도 그렇다. 포장마차밖에 안 될랑가보니 나 좀 내버려 두시라고 찡찡대면서도, 예수님께 예쁨 받는 어린이가 되고 싶다. 그리고 성도들에게도 인기 많은 사모님이 되고 싶다.
　사람이 주는 사랑은 눈에 또렷이 보이고 즉각적이기 때문에 중독적이다. 그러나 바닷물 같아서, 결국 또 목말라질 수밖에 없다.

오늘은 또 어떤 일이 일어날까. 두렵고 떨리는 마음으로 교회 현관에 들어선다. 마음 지키는 게 언제나 가장 어렵다.

#나는야 주의 어린이

#주의 사랑으로 자라가요

그게 덕이 되잖아

달면 삼키고 쓰면 뱉는 자리

✦ ✦ ✦

성장기 아이들의 엄마로 사는 것은 계속해서 변화하는 임무에 빠릿빠릿하게 업데이트하는 삶이다. 이제 조금 적응되었는가 싶으면 그새 아이가 또 성장해 새로운 역할을 요구한다. 그래서 늘 첫째에게는 미안한 마음이다. 오늘의 너는 엄마도 처음 겪어보는 거라서, 항상 서투르고 부족함이 많기에 미안하다.

그런데 사모로 사는 것도 업데이트가 빨라야 한다. 이 역시 사람을 대하는 일이기 때문에 그렇다.

"그걸 어떻게 벌써 알았어?"

W사모님께서 내게 하셨던 말씀이다.

눈치가 빨라서 놀라셨던 듯하다. 눈칫밥 먹고 자란 유년기 시절이 도움이 될 때가 다 있다니. 인생 살아볼 일이다.

눈치가 빠르면 좋기만 할 것 같지만 사실 그렇지는 않다. 눈치 빠른 사람이 '되면' 별로고, 그런 사람을 '곁에 두면' 좋은 것 같다.

오늘은 적당히 눈치 보는 법에 관한 이야기다.
눈치를 보는 것은 배려하기 위함이고 배려는 덕이 되어야 하는데, 때로는 내가 소비되는 듯한 느낌이 들었다. 사모의 역할에 매번 최선을 다했지만 돌아오는 것은 지침과 소진이었다.

새로운 사역지에 가면 정신 바짝 차리고 오만가지 채널을 잔뜩 세워야 한다. 적응의 시작이다. 사는 동네와 집이 바뀌고 아이들 학교 전학을 시키는 등 환경이 바뀌는 게 지금 문제가 아니다!
첫 단추를 잘 끼워야 한다. 부목사모님들 간의 관계는 어떤지, 누가 누구랑 더 친하고 호감을 갖고 있는 사이인지 빠르게 읽어내야 한다. 눈치 없이 실수하지 않게 조심해야 한다. 담당하게 될 부서 안의 사람들도 파악해야 한다. 말씀하시는 것만 들으면 굉장히 열심 있으시고 적극적인 분 같은데 말과 행동의 온도차가 큰 분들도 있기 때문이다.

원래 사려 깊게 관찰하기를 좋아하고, 그런 일을 했지만, 사모로서 눈치 보는 경험은 유쾌하지만은 않았다.

성도님께서 하시다가 내려놓고 싶어 하는 자리에 사모는 들어가야 한다. 그러다가 또, 다른 어떤 분께서 하고 싶어 하시면 자연스럽게 빠져야 한다.

늘 그렇게 최선을 다해 눈치를 보며 동동거리며 살아왔다. 그러다 세월이 흘러 후임을 둔 선배 사모의 자리에 서게 되었다.

나보다 더 어린 사모님이 오시다니! 와, 세상에 그런 존재도 있었나! 새로 오실 사모님이 나보다 어린 분이라는 소식을 들었을 때 얼마나 설렜는지 모른다. 드디어 나도 이제 언니들에게 받은 사랑을 줄 수가 있겠어!

그로부터 1년 뒤, 내 마음은 만신창이가 되어 있었다.

새로 온 R사모님은 나를 비롯한 우리 사모님들이 아무리 맞춰주려 해도, 우리와 어울릴 생각이 없었다. 단톡방에 공지된 내용을 읽고도 아무 대답 없이 지나치곤 했다. 그러고는 나중에 자기는 몰랐다고 잡아떼기 일쑤였다. 그런데 농수산물 나눔 소식이 올라오면 가장 먼저 줄을 섰다.

선임사모님이 우리 막내 사모님이 좋아하는 것과 가고 싶은 곳을 물어보시며 다들 아이디어를 모아 친교의 자리를 마련하면, 아무거나 다 괜찮다고 한 뒤 당일 아침에 갑작스레 취소하곤 했다. 그런데 지역 맘 카페에 외롭다고 친구 찾는 글을 올리신다며, 남편 목사님은 우리에게 자기 아내를 잘 좀 챙겨달라고 하셨다.

본인에게 이익이 없는 자리에는 조금도 나서지 않으면서, 챙길 것이 있는 자리에는 그 누구보다 먼저 움직이는 R사모님. 철저히 자기만을 위해 눈치 보기를 사용한 그녀와 나는 결이 많이 달랐다. R사모님을 만나고 돌아오는 날은 너무 기가 빨려서 녹초가 되어버렸다.

배려하려는 마음을 이용해서 자기 일을 내게 떠넘기곤 하는 R사모님을 겪으며 내 경계를 스스럼없이 허물고 들어오는 사람에게서 나를 지키지 못하면 배려는 순식간에 희생이 되어버린다는 걸 배웠다.

배려가 희생으로 변질될 때, '그래도 내가 줄 수 있으니 괜찮아' 라거나 '아무렇지 않아'라고 넘겨지지 않고, 화가 나고 속상해진다면 그것은 처음의 잘해주고 싶었던 마음과 달리 결코 덕이 될 수 없다는 걸 깨달았다.

   꼰대 소리를 들을까 두려워 R사모님이 당당히 요구한 배려를 조공 바치듯 휘둘리다가, 그녀가 또 더 어린 막내 사모님에게 되레 갑질하는 걸 보니 헛웃음이 났다. 그러면서 관계에서의 중요한 원리를 깨닫게 되었다. 모두에게 친절할 필요가 없다는 것. 이런 태도는 덕이 되지도 않을뿐더러 그저 나를 갉아먹는 거라는 걸 말이다.

   이제는 남을 위해서만이 아니라 나를 위해서도 배려하는 방법을 배우고 싶다. 정말 나에게 소중한 사람에게 더 좋은 사람이 되기 위해. 그래야 진짜 덕이 될 수 있을 테니. 이제는 나와 진심으로 함께하는 사람들에게만 에너지를 쓰고 싶다. 좋은 에너지를 주는 사람들로 내 주변을 채우고 싶다.

   얌체 같은 사람에게조차 좋은 사람이 되기 위해 애쓰지 말고 그 에너지를 맛있는 저녁식사 차리는 데에 써야겠다.

#덕이 되자_ 꽥꽥

#낄끼빠빠

저는 만다꼬상이 좋아요

언제 만나도 반가운 나의 만다꼬

✦ ✦ ✦

나는 만다꼬상이 참 좋다.
만다꼬는 누구일까?

혼자 떠나는 인생 첫 여행으로 갔던 일본, 후쿠오카에서 동경으로 가는 기차를 타러 가던 길이었다. 기차가 출발하기 전 나는 화장실에 들러 손을 씻으며 겨드랑이에 기차표를 잠깐 끼워 두었는데, 그만 그걸 어디에 흘렸나 보다. 플랫폼에서 기차를 타려 하며 표를 찾으니 휑한 나의 겨드랑이.

그때 저어기서 활짝 웃으며 총총걸음으로 내게 달려와 기차표를 건네던, 덧니가 귀여운 아가씨의 이름이 만다꼬상…

이 아니고, 우리 성도들이 '뭐 한다고'를 발음하시는 걸 들리는 대로 쓴 말이다. 나는 일본 도시별로 뭐가 어떻게 유명한 곳인지도 잘 모르고, 동경행 기차표는커녕 일본 기차역에 가본 적 조차 없다.

나는 부산에 사는 외지인이다.

부산뿐만 아니라 모든 지역이 특유의 말투를 가졌는데, 희한하게도 분명 같은 한국말인 것 같긴 한데 잘 안 들리는 마법이 도를 바꿀 때마다 일어났다. 언어에 적응하는 과정이 필요한 건 선교사에게만 해당되는 일이 아니다.

부산에 처음 오고 나서, 내가 대화 중에 상대방의 입술을 많이 읽는다는 걸 알게 되었다. 코로나 때문에 마스크로 입을 가려놓으니, 가는 곳마다 "네? 잘 못 알아들었습니다. 다시 한번 더 말씀해 주시겠어요?"를 반복했다. 허구한 날 그 소리만 반복하자니 내 스스로가 약간 모지리가 된 기분이 들기도 했다.

부산 분들은 정말 적극적이고 화통하다. 교사회의에 함께 참석할 일이 생기면, 이들이 지금 싸우는 건지 의견을 나눌 뿐인 건지 잘 분간이 되지 않는다. 중간중간 만다꼬! 그녀의 이름이 들릴 뿐이다.

만다꼬상의 이름에 특유의 억양이 더해지면 더 멋진 뉘앙스를 갖는다.

억양을 어떻게 붙이냐에 따라 다정한 안부의 인사가 되기도 하고 '성가시게 굴지 말고 저리 좀 꺼지라'는 강력한 거절의 표현이 되기도 한다. 이처럼 지역 사투리의 세계는 참 버라이어티하고 멋지다.

부산에 살면서 나는 만다꼬가 좋아졌다.

성도님들이 자기들끼리 사투리로 겁나게 빨리 대화를 나누시면서 그 중간중간에 만다꼬~ 하시는 말을 들으면 웃음이 나기도 하고, 왠지 가슴이 포근해진다.

나는 만다꼬상이 되고 싶다.

만다꼬는 너 별일 없니? 하는 다정함도.

정말 많이 애썼다 고마워, 하는 감사도.

나를 위해서 이렇게 신경을 써 주었구나 황송해, 하는 겸손도 담을 수 있다.

여러 가지 모습을 참으로 편안하고 자연스럽게 연출하는 만다꼬.

나는 그런 사람이 되고 싶다. 상황에 따라서 나를 이렇게 저렇게 부드럽게 낮춰 녹아들어 가는 그런 사람이 되고 싶다.

이처럼 다양한 만다꼬의 얼굴과 목소리를 내가 닮아갈 수 있을까? 상황에 따라 강력한 소리를 내야 할 때 낼 수 있을까 두렵다. 품고 안아주어야 할 때 그렇지 못하고 지나갈까 봐 조심스럽다.

나도 모르게 가끔 사투리 억양을 쓰나 보다. "사모님 이제 부산 사람 다 되셨네예~" 하며 성도님들이 깔깔 배꼽을 잡으시기도 한다.
경남에 친정을 두고 계신 어머님의 거센 억양에 너무 피곤해서, '부산으로 가긴 하지만 내 아이들이 사투리만큼은 절대 쓰지 못하게 하겠다'던 다짐은 눈 녹듯이 사라진 지 오래다.

나는 만다꼬상이 좋다.

#사랑은_서로를 인정하고 닮아가는 것

쉬라는데 열이 받네

당신은 내가 집에서 노는 줄 알지?

✦ ✦ ✦

결혼하고 초반에는 직장을 다녔었다. 남편과 함께 출근하고, 가능한 날에는 함께 만나서 퇴근하기도 했다.

내가 하던 일은 밤낮도 없고 주말도 없이, 일이 있으면 경주마처럼 달리다가 프로젝트가 끝나면 갑자기 시간이 많아졌다. 그래서 시야를 환기하러 미술관에 가거나 트렌드를 읽으러 학동사거리를 둘러보거나 가회동에서 고아하게 차도 마시곤 했다. 숨 막히는 긴장감과 무중력상태가 반복되는 그런 일이었는데, 이 남자의 아내로 살려면 그런 라이프 스타일이 맞지가 않았다.

남편과 내 꿈의 중요도를 견주어 본다는 게 우습지만, 저울에 올려두고 곰곰이 견주어 보니, 그래도 나는 성인이 되고서 하고 싶어진 일이고 남편은 어릴 때부터 쭉 하고 싶었던 일이었다. 그래서 결국 내가 일을 그만두는 게 낫겠다는 결론을 지었다.

결혼하고 아이가 있는 선배들은 집에 아예 같이 살며 살림과 육아를 도와주시는 필리핀 아주머니가 있으시거나 헌신적인 친정엄마, 시어머니 등의 조력자가 있었다. 그렇지 않으면 오래 버티지 못하고 다른 직종으로 옮기거나, 업계에서 사라지는 경우가 많았다.

할머니들에게 아이를 맡기고 싶지 않았다. '당신 손주니까 도와주셔야죠' 하고 맡기면, 그게 울엄마든 시엄마든 한 인간으로서의 삶이 너무 힘들고 고단하다는 생각이 들었다. 부모님도 한 번뿐인 인생 아닌가. 내 아이는 내 손으로 키우고 싶었다. 첫걸음을 떼고, 처음 말을 시작하고, 이유식을 먹는 그 모든 순간에 함께하고 싶었다.

그런 이유들로 일을 그만두었지만, 나는 아주 자주, 설명할 수 없는 상실감이 들고 기분이 울적해지곤 했다.

같이 출근을 할 때는 그렇게 인사할 일이 없었는데, 내가 집에 남고 남편 혼자 출근하게 되면서부터 심기를 묘하게 건드리는 남편의 행동이 있었다.

집을 나서면서 "쉬어~" 하고 나가는 것이다. 매일 그 소리를 듣다 보니 점차 짜증이 났다. '뭐야, 내가 집에서 쉰다는 거야? 집안일이 얼마나 바쁜데. 해도 해도 끝이 없구만. 퇴근도 없고. 얘가 없어야 한 시간이라도 쉬지. 왜 자꾸 나보고 쉬라는 거야? 내가 자기보다 더 바쁘게 사는 줄도 모르고.'

미련하게도 6년이나 참다가 말을 했다. 집에서 나가면서 "쉬라"고 좀 하지 말라고.

정말 쉬기라도 하고 그 소릴 들으면 억울하지나 않지, 엉덩이 붙일 새도 없이 발뒤꿈치에 화끈화끈 불나게 종종거리고 사는데 아침 점심으로 쉬어 소릴 들으니 자격지심이 들었다.

'그렇지만 이건 돈도 안 되는 일인 걸 뭐, 경제활동을 쉬는 거니까 쉬는 거 맞네.'

하루는 엄마가 나에게 친정에 잘 오지 않는다며 말씀하신 적이 있다. 그런데 친정에 갈 틈이 없었다.

일주일에 쉬는 날 단 하루뿐인데 — 정말로 쉬기도 해야 하고, 우리 둘이 데이트도 해야 한다. 그런데 그마저도 남편이 일이 생기면 자동 반납이었다. 특별히 나와서 일했으니까 다른 날에 대신 쉬는 것 같은 복지는 없었다. 그리고 시댁에서는 매주 만나길 원하시니 틈이 나면 시댁의 요구에 부응하기 바빴다. 그런 상황에서 우리 집도 가자고 말하기가 전라도 말마따나 징하게 거시기했다.

'내가 하는 게 뭐 있어. 남편이 벌어다 주는 돈으로 살고 있으니 남편에게 맞춰야지.'

값이 눈에 보이지 않지만 분명히 가치로운 일이 있고, 내가 집에서 온 젊음을 갈아 넣어서 하고 있는 가사와 육아가 바로 그런 일이라는 걸 몰랐던 것이다.

그런데, 생각해 보니 나도 남편의 일을 쉽게 생각하고 있었음을 어느 날 문득 깨닫게 되었다.

목사를 한다는 건 그 어렵다는 히브리어와 헬라어도 해야지, 행정, 상담, 양육, 운전, 작문, 악기 다루기, 노래, 레크리에이션 진행, 방송 장비 및 음향 기기 다루기 등 모든 면에 기본 이상은 해야 된다는 걸 인지한 것이다. 어딘가 덮여 있던 생각의 장막이 갑자기 걷힌 기분이었다. 그러고 보니 집에서 잠옷 바람으로 굴러다니던 저 남자는 사실은 대학원까지 나온 고학력자였던 것이다.

그러면서 나는 삶의 무게를 다시 생각해 보게 되었다. 가사와 육아, 그리고 가정의 일들이 단순히 '쉬는 일'로 치부될 수 없음을 깨닫기 시작했다. 내 일상의 소중함과 그 가치가 분명히 존재한다는 걸 말이다. 남편이 '쉬어'라고 할 때, 그 말속에는 나를 걱정하고 배려하는 마음이 담겨있음을 이제야 이해하게 되었다.

남편도 마찬가지다. 그가 하루 종일 교회와 성도들 사이에서 분주히 움직이며 마음의 짐을 지고 있고 나와 아이들 우리 가정을 책임지고 있었다는 걸 진심으로 깨닫게 되었다. 우리가 서로의 삶과 역할을 존중하고 이해할 때, 비로소 진정한 소통이 이루어질 수 있다.

"쉬어, 여보."라는 말은 단순한 권유나 입버릇이 아니라 서로를 배려하는 깊은 사랑의 표현이었던 것이다. 그 한 마디로 우리는 서로의 일과 그 속에서 느끼는 감정에 대해 더 많은 대화를 나눌 수 있게 되었다.

앞으로는 서로의 삶을 이해하고 지지하며 함께 나아가는 부부가 되고 싶다. 남편이 내게 쉬라고 할 때, 그 속에 담긴 진심을 듣고, 나도 그에게 감사의 마음으로 '당신도 수고했어'라고 말할 수 있도록. 서로의 소중함을 다시금 확인하고, 각자의 자리를 존중하는 부부의 길을 걸어가고 싶다.

이렇게 서로를 더 이해하고 지지하며, 함께 성장해 나가는 삶을 만들어가겠다. 그래서 '내가 얼마나 힘든 줄 알아?'와 같은 가시 돋친 말 대신, '당신도 수고했어'라고 말할 수 있는 성숙한 부부로 성장해 가고 싶다.

그런데 사실, 인생을 살며 힘 빼고 지내는 것이 얼마나 중요한가. 우리는 알게 모르게 너무 스스로 타이트하게 동여매는 것이 익숙하지 않았나 돌아보게 되었다. 아이들과 함께 애니메이션을 보다가 〈쉼〉의 중요성을 느꼈다.

뽀로로(한국 제작)는 "노는 게 제일 좋아"라고 말은 하지만 노는 게 노는 게 아닐 때가 많다. 뽀로로의 친구들 모두 다 장난 아닌 고스펙 어린이들이다. 루피는 요리천재고 페티는 체육 특기생이며 로디는 밤새 연구를 하고 손수 로봇을 제작해 내는 초천재 공학 박사다. 한강의 기적을 이룬 나라답게 한국은 어린이 만화 캐릭터들도 눈부신 발전과 성장을 이룬다.

반면 바다탐험대 옥토넛(영국)은 어떤가. 뭣만 하면 모두 함께 출동을 한다. 해치 문열림 버튼 누르는 사람 따로, 바다생물 이름 알려주는 박사님 따로, 구조하는 사람 따로, 치료하는 사람, 해초 제거하는 사람 따로. 모두가 다 무리하지 않는 선에서 임무를 수행하고, 간단한 임무가 끝나도 다함께 춤추며 '파티'를 한다. 그리고 파티의 끝엔 "다음 임무까지 쉬어!" 하고 각자의 숙소로 돌아간다.

아이들이 옥토넛을 보는 날이면 '옴마, 뭐 했다고 또 쉰대? 대박이야. 워라벨(일과 삶의 균형) 짱' 생각이 든다.

한국이 제작한 다른 애니메이션, 로보카 폴리를 아이들이 연달아 보는 날은 "애들아~ 폴리 또 출동해? 쟤들 너무 힘들어서 어떡하지?" 말이 나온다. 착하고 귀여운 사총사들이 얼마나 열일을 하는지, 옆에서 듣기만 해도 안쓰럽다.

#쉬어, 여보
#오늘도 수고했어

#옥토넛 탐험대가 그렇게 잘 쉬더라
#거기를 들어가야돼

까져 보이면 안됑게

안녕하세요, 평범한 여자 사람입니다

✦ ✦ ✦

    시골의 한중심에 있는 교회라 그 동네에서 교회 다니는 분들이라면 거의 대개가 우리 교회 출석하시는 분들인 적이 있었다. 유모차를 끌고 주택 밖을 나섬과 동시에 성도 누군가에게 노출이 되기 시작하는 그런 동네.
    교회 가는 날만 조신하게 입어서는 안되었다.

    "사모님, 이거 어때? 까져 보여?"
    종종 신발 쇼핑몰의 한 페이지를 보여주며 신발의 디자인과 색깔이 어떻냐고 묻는 Q사모님이 계셨다. 사모님 마음에 들면 되지 '까져 보이는지 아닌지'가 왜 중요하냐고 되묻는 내게, "권사님들이 뭐라고 하실 테니 까져 보이면 안됑게 그러지~" 하고 구수하게 대답하신 Q사모님.

이제 갓 삼십 대 초반이었던 우리들은 사모이기 이전에 젊은 여성이었다. 때로 튀는 색깔의 옷도 입고 싶고, 남편이 쉬는 날이면 둘이 꽁냥꽁냥거리며 동네 마실도 나가고 싶은.

아주 보수적인 동네였기 때문에 그곳에 살 때는 조금의 깊은 V넥이나 높은 하이힐도 신지 않고 그렇게 무채색으로 지냈다. 이제는 나도 나이가 들어서 짧거나 딱 붙는 옷은 불편해서도 못 입게 되었다. 그렇지만 여전히 외출 전에는 거울 앞에 서서 Q사모님의 어록, '까져 보이는지'를 살펴본다.

"아이 사모님, 이건 너무 까졌다" 하고 쇼핑몰을 서로 공유하며 깔깔 웃던 그때가 가끔 그립다. 그게 뭐라고 그토록 고민을 했을까.

뉴스를 보면 마음이 아플 때가 많다. 서로 왜 그렇게들 화가 나 있는 건지. 개독과 먹사를 비롯해 견찰, 의새, 기레기, 한무당, 치안조무사, 국개의원, 맘충 등 열 손가락으로도 모자라다. 이렇게 촘촘한 비하의 그물에 가족이나 본인이 하나도 걸리지 않을 사람이 있을까?

겁이 난다. 눈앞의 이 사람이 인터넷 세상 속에서는 어떤 신랄한 의견을 주장할까? 오늘도 나는 승리하지 못한 겁쟁이 쫄보 군사다.

사람을 쥐어짜서 나올 게 쓴물뿐인데. 안타깝다. 서로를 미워하는 세상은 무섭다. 보이지 않는 채찍이 세상에서 가장 아프다.

새빨간 색의 옷을 입었다고 해서, 내 본질이 달라지는 건 아니다. 겉에 수수하고 청초한 옷을 입었다고 내 안의 숯불이 사라지는 것도 아니다. 영화 〈무뢰한〉의 김혜경(전도연 분)처럼. 그녀는 술집 여자로서 연애의 고수처럼 남자들을 대하지만, 진정한 사랑을 갈구한다. 화려한 옷을 입고 술을 따르든 보통의 회사원들처럼 편안한 옷을 입고 장을 보든, 그녀는 같은 사람이다.

하나님은 우리의 마음 중심을 보신다 하셨지만, 우리는 '보는 눈이 달린' 사람들 속에서 살아간다. 그래서 교회에 갈 때 일상생활을 살아갈 때 겉모습 관리가 필요하다.

특히나 교회에 가면서 얼마큼 나를 꾸미고 가면을 써야 할지, 실은 매 순간 고민한다. 진정한 나를 용납 받으러 가는 곳임과 동시에 사람들을 만나는 곳. 일만 시간을 이미 훌쩍 넘겼지만, 아직도 어렵다.

다만 오늘 행복하게 살아가려고 노력한다. 목사가 행복한 결혼생활을 해야, 그 행복한 기운이 성도들에게도 전해진다. 그리고 결혼 생활에서 외로움을 느끼지 않아야, 목사와 성도 간 은밀한 범죄가 발 들일 틈이 없어진다.

남편과 한배에 탔다는 것, 정신 차려 보니 이미 출항했다는 점은 때로 나를 좌절하게 했지만 성장하게도 했다. 항해 중에 별별 사람들을 다 만났다. 앞으로도 더 많이 만나게 될 것이다. 그 과정 속에서 내 얼굴을 잃지 않기를 바란다. 때로 필요에 의해 가면을 쓰겠지만, 하나님 앞에서 언제든지 가면을 벗을 용기를 가진 사람이 되려고 한다.

아직도 가끔 설렐 때가 있다. 상황이 허락해서 남편이 나와 나란히 앉아서 예배를 드리는 순간이다. 함께 박수 치며 찬양하고 주님께 경배 드리는 이 시간이 참 귀하다. 옛날 청년 때 함께 캠퍼스워십을 다니던 때로 돌아간 것 같다.

  사진 속 우리는 늙어가고 있는데, 내 눈에 비친 남편의 모습은 여전히 그때 스물네 살의 오빠다. 베짱이처럼 하루 종일 기타를 치던, 낙천적인 교회 오빠.

  그래서 내일은 또 새로운 용기를 얻어 나간다.
  주 하나님 지으신 넓은 세계로.

#오빠 마음 사로잡으려면
#까져야 된당게

하나님의 일을 하다가 하나님과 멀어질 수 있다

은혜로운 반주자

◆ ◆ ◆

마음이 별로 집중되지 않고 기계적으로 해냈는데 오늘 반주 너무 좋았다고 피드백을 받는 날이 있다. 나는 은혜로운 반주자일까?

반면, 내가 너무 신나서 치느라 군데군데 리듬이 살짝 무너지기도 했다. 그럼 나는 못한 반주자일까?

하나님은 내가 어떻게 예배드릴 때 가장 기뻐하실까?

아이들을 양육하면서 가끔 하나님 아버지의 마음을 생각하는 날이 있다.

공부하기 싫고 빨리 게임하며 놀고 싶은데 엄마가 오늘 문제집 몇 바닥 풀어야 된다고 하니 입이 댓 발 나와서 하는데 답을 채점해 보니 백 점. 하, 이럴 때 드는 감정을 뭐라 표현해야 할지 적당한 말이 잘 떠오르지 않는다. 아이가 백 점을 받았으니 엄마로서 기뻐야 될 것 같은데 이상하게 기쁘지가 않다.

아이야, 네가 이 문제집 풀든 안 풀든 엄마는 큰 상관이 없단다. 이건 엄마인 나를 위해서 하라는 게 아니고 '너를 위한' 거야. 초등학교에서 배우는 것들은 인생을 살아가는데 아주 필수적이고 기초적인 내용들인데, 이걸 잘 배우지 못했을 때 앞으로 네 삶이 고단해질 것을 엄마는 알기에 걱정하는 거란다.

아이를 기르면서 느끼는 것은 아이가 기뻐서 해야지 그 모습을 보는 엄마도 기쁘다는 점이다. 결과가 다소 부족하더라도 즐거워서 하는 아이의 모습을 바라보는 부모의 마음은 정말로 만족스럽고 행복하다.

주말은 바쁘다. 아이 둘이 다 학교 대신 이곳저곳에 여러 가지 프로그램들을 가는 날이기 때문이다. 여기저기 차량 운행도 해줘야지, 아침 점심 그리고 간식과 저녁 모두 아이들이 좋아할

만한 맛있는 걸로 준비해야지. 남편 셔츠도 다려놓아야 하고 내일 있을 예배곡 연습도 빼놓을 수 없다. 벌써 해가 저물어 고단한 몸을 이만 누이려다가도 "참, 아직 연습 못했어. 연습하고 다시 올게" 하면 남편은 "이미 수없이 했던 곡이야. 연습 안 해도 돼" 한다. 그에 대한 내 대답은 "안 돼".

반주자가 예배의 흐름에 빠져들고 집중할 수 있는 힘은 연습에서 나온다. 곡이 충분히 익숙하고 코드가 손에 익지 않으면 박자에 맞춰 그거 소화하기 바빠서, 악보 보랴 인도자 보랴 정신없이 20분이 흘러가 버린다.

내일 '남들 좋은 일' 시키지 않고 예배를 '드리고' 오려면, 오늘 저녁 아무리 피곤해도 피아노 앞에 앉아야 한다.

개인적으로 혼자 하는 연주가 아니라 예배에 헌신한다면 당연히 기술적으로 잘 훈련되고 다듬어진 반주 실력이 필요하다. 예배 팀원들과 현장 상황에 맞춰 화합할 수 있을 어느 정도의 기교는 갖추어야 할 것이다. 다윗이 수없이 물맷돌을 던져 그 기술이 매우 손에 익었기 때문에 골리앗의 이마에 명중시킬 수 있었던 것처럼. 예배를 섬기는 모든 사람들은 자기가 맡은 자리에서 최선을 다해 공고히 다듬어야 할 것이다.

그러나 예배는 하나님께 영광 돌리기 위한 것이며 동시에 내 영혼을 충전하기 위한 것이기 때문에, 기술적으로만 다듬는다면 그냥 자동반주기를 들이는 게 어쩌면 더 간편하고 실속 있는 선택이 될 수 있다는 생각이다.

나는 연습을 할 때 같은 곡을 가지고 빠르게도 느리게도 연습한다. 팀원들과 맞춰보기 전에 연습하는 시간은 본예배를 드리기 앞서 나 홀로 먼저 드리는 리허설이자 소예배다. 반주자는 회중들처럼 기도를 하기 어려우니 내 손끝에서 나오는 소리가 곧 내가 하나님께 드리는 '곡조 붙은 기도'가 된다.

곡마다 보편적으로 부르는 속도가 있을 뿐, '맞는 박자'란 없다. 예배팀은 메트로놈이 아니고 악보대로 정확하게 연주해 내는 오케스트라가 아니다. 반주자에게 있어 맞는 박자란 '찬양인도자가 부르는 박자'이다.

건반 앞에 앉아서 어디까지 얼마나 집중할 수 있을까?

유튜브에서 〈양양피아노〉라는 채널을 우연히 보게 되었다. 반주자가 반주를 하다 한 손을 높이 들어 일반 회중처럼 경배를 드리기도 하고 눈물을 뚝뚝 흘리기도 하고. '아니, 한 쪽 손을 갑자기 멈추면 어떡해?' 싶었지만 반주자의 그런 모습 자체가 영상을 보는 내게도 깊이 다가와 갑자기 나도 더 집중되는 느낌을 받았다. 반주자를 넘어 예배자가 된 그녀를 보며 도전받았다.

반주가 아무리 세련되고 실수 없이 진행되었다 해도, 그 안에 예배자로서의 진심과 태도가 빠져있다면 부족하다. 반주자는 기능을 수행하면서도 그 자리가 본인이 오늘 예배드리는 자리임을 잊지 않아야 한다. 그래서 매번 연습과 기도가 함께 준비되어야 한다.

내 마음이 먼저 열려야 내 손을 통해 나가는 소리가 회중의 마음을 열 수 있다고 생각하고 주일마다 손가락을 풀면서 마음도 푼다. 전주를 시작할 때 회중들의 마음이 하늘을 향해 활짝 열리는 상상을 하면서.

사실 〈은혜롭다〉는 말은 〈덕이 된다〉는 말처럼 참 애매모호한 말이기도 하다. 아직 깨달음이 부족한 나에게만 그런 걸지도 모르지만. 하나님의 은혜와 성령님의 채우심을 온전히 경험해 덕이 되는 순간을 느껴본 적이 있다면 쉽게 이해할 수 있을지도.

연습으로 항상 준비하지만, 미스터치가 한 번도 없기란 어렵다. 듣는 이가 눈치를 챘느냐 못 챘느냐의 차이가 있을 뿐.

경험상 내가 욕심을 부리는 지점에서 실수가 생긴다. 여기서 잘 해야지, 멋들어진 코드를 누르겠어 마음먹는 그 순간 하나님보다 나 자신에게로 시선이 간 것이다.

섬김의 자리에서 나의 시선이 주께로 향하지 못하게 되면 금방 소진되어버리고, 나만큼 하지 않는 것처럼 보이는 누군가를 향해 비난의 눈빛을 쏘게 된다. 하나님의 일을 하다가 하나님과 멀어져 버리는 것이다.

은밀한 욕심에 의해 예배의 흐름이 깨진 날 나는 자책한다.

기술적인 면을 공고히 다듬는 것과 하나님의 영광을 높여드리는 데 집중하는 것, 균형을 잘 잡아야 한다. 스케이트를 탈 때 왼발과 오른발을 번갈아 내디디며 균형을 잡아야 하는 것처럼, 기술과 마음이 동시에 조화를 이루어야 진정한 예배가 된다.

오늘도 나는 다음 주일 예배곡을 연습하기 위해 살림을 마친 뒤 늦은 밤 이어폰을 끼고 건반 앞에 앉는다.

#모르면 알 때까지

#안 되면 될 때까지

공허한 두 눈동자를 들키지 않게

교회 가기 싫은 날

◆ ◆ ◆

교회 가기 싫은 날이 있다.

이게 다 〈디즈니 만화동산〉 때문이다. 주일학교 시간에 방영하던 디즈니 만화동산에 특히 '101마리 달마시안'이 나오는 날에 그랬다. 그래서 저 악독한 크루엘라가 어떻게 할지, 불쌍한 우리 강아지들의 운명이 걱정되어서 차마 발길이 떨어지지 않는 아침이다.

그다음은 알라딘이나 인어공주의 방영이 예고된 날에 그랬다. 극장에서 쉽게 영화를 접하기 어려운 12세 미만의 어린이에게 로맨스란 디즈니만 한 게 없었다.

동화책을 읽어서 결말을 알지만 그래도 인어공주가 가냘픈 다리로 갑판에 올라설 수 있을지, 혹시라도 왕자의 사랑을 받게 되길 간절히 바랐다. 그러다 예배시간이 되어 티브이를 끄고 출발해야 할 시간이 되면 내 마음속 가득 인어공주의 비눗방울이 채워지는 듯했다.

  어른이 되면 안 그럴 줄 알았는데, 청년이 되어서도 교회 가기 싫은 날은 있었다.
  남자친구가 교회를 안 다니는 애라 모처럼 쉬는 날 아침부터 에버랜드에 가자고 하는 날이다. 한 번만 빠질까? 달콤한 유혹이 들었지만 오후에 만나서 갈만한 코스로 다시 생각해 보자고 다독이고 교회로 향했다.

  사모가 되어서도 교회 가기 싫은 날은 있다.
  교단 행사가 있는 날이다. 아는 사람도 없고 재미도 없으니 정말 가기 싫다. 오늘 이 행사를 우리 교회에서 안 했으면 굳이 출동하지 않아도 되는데 원망스럽다.
  요즘 너무 여러 개의 심방이 있었던 날 교회 가기 싫다. 나는 혼자만의 시간이 꼭 필요한 사람인데, 사람들을 계속 만나다 보니 지친다. 마음과 몸의 배터리 전압이 낮아서 일어나는 현상이다.

  불편한 사람이 있을 때 교회 가기 싫다. 교회는 예수님 만나러 가는 곳이라고 하지만 예수님만 만나고 올 수가 없지 않나. 사람을 꼭 만나게 될 수밖에 없는데, 나를 너무 힘들게 하고 불편하게 하는 사람이 있을 때 교회 가기 싫다. 싫은 티를 낼 수 없으니 가면을 써야 하는 날, 교회에 가기 싫다.

"사모님, 편하게 와서 식사하고 가세요" 부르시는 날, 그런데 실상은 그게 아니고 자리에 머릿수 채워야 해서 부르는 날일 때 교회 가기 싫다. 속뜻은 다르게 있으면서 겉으로는 나를 배려해 주시는 것처럼 포장된 자리. 편하게 먹고 가기만 하면 된다더니 이것저것 할 게 많은 게 뻔히 보이는 날, 교회 말고 어디론가 출근하고 싶다.

하지만 결국 나는 간다.
교회는 내가 있는 그대로의 나를 드러내야 하는 장소이기도 하고, 때로 내 마음을 숨기고 가야 하는 곳이기도 하다.

가기 싫었던 날 가기 싫은 마음을 누르고 발걸음을 교회로 옮겼던 날, 나에게 꼭 필요했던 말씀을 듣거나 그 시기 고민되던 문제에 대한 답을 얻은 적이 많았다. 그래서 가기 싫은 날일수록 '오늘은 또 무슨 좋은 일이 일어나려고 이렇게 가기가 싫은 거야?' 살짝 기대가 되기도 한다.

교회 가기 싫은 날은 언제나 있지만, 어쩌면 그날이야말로 내가 가장 필요한 자리에 가야 할 이유가 있는 날일지도 모른다. 하나님 앞에 서면 나의 부족함이 드러나고, 그럼에도 불구하고 받아주시는 은혜가 가득하다. 가기 싫었던 날이 오히려 나를 회복시키는 날이었음을 깨닫게 되었다. 결국, 내가 있는 그대로의 나로, 혹은 지친 모습 그대로라도 하나님 앞에 나아가는 것이야말로 내 삶의 중심에 예수님을 모시는 것이자 내 삶을 주께 드리는 태도가 아닐까.

나의 약함과 불완전함을 하나님께 온전히 드러낼 수 있는 그곳이야말로 하나님이 계신 곳이 아닐까 생각해 본다.
그래서 오늘도 나는 묵묵히 현관 문을 열고, 신발을 고른다. 하나님과의 만남은 어쩌면 그 가기 싫었던 발걸음 속에 있었던 것일지도 모른다.

\#온라인예배 사랑해

\#비대면 최고

걸음이 느린 아이

떠돌이가 소속감을 찾는 법

✦ ✦ ✦

교회를 많이 출석한다고 해서 공동체에 소속감을 느끼는 건 아니다.

학교를 매일 가지만 즐거워서 다니는 아이와 그렇지 않은 아이가 있고, 회사를 다녀도 일에서 성취감이나 뿌듯함은 하나도 느끼지 못한 채 그저 월급 받으러 마지못해 가는 사람이 있듯이. 우리 몸이 어딘가에 '오랜 시간' 머문다고 해서 마음까지 항상 거기에 머물지는 않는다.

밸런스 게임에 이런 문항이 있다. 〈사람 못 만나고 인터넷 못 하고 1년 동안 섬에 처박혀 있으라면 가능, 불가능?〉 나는 있을 수 있다. 책만 있다면, 얼마든지.

그렇지만 내향인도 소속감은 필요하다.

오늘은 파워 I이며 교회-집 교회-집 만을 반복하는 내가 어떻게 소속감을 얻게 되었는지 이야기하려 한다.

경험하며 깨닫는 건 물리적으로 오래 머무는 것이 중요한 게 아니고 '몸'이 되었을 때에야 소속감을 느끼게 된다는 것이다. 몸은 붙어있다. 붙어있다는 건 서로 연결되어 있고 서로의 아픔을 느낀다는 뜻이다. 몸은 어디 한 곳에 문제가 생겨 역할을 감당하지 못하면 서로가 서로의 짐을 짊어진다.

발가락이 안 좋으면 발목과 허벅지와 허리와 반대쪽 엉덩이가 발가락이 못 받아주는 힘만큼을 함께 나누어 감당한다. 목이 안 좋으면 어깨와 등이, 대신 더 힘을 받아 우리 몸은 쓰러지지 않고 걸어 다닐 수 있게 된다. (물론 조속한 시일 내에 반드시 치료는 필요하다. 어찌어찌 굴러간다고 그냥 두면 안 된다)

몸이 되려면 연결되어야 한다. 그런데 나는 떠돌이이기 때문에 교회에서 내 자리를 만들고 어딘가에 끼워져 들어가기가 어렵다고 느꼈다. 여기는 아직 우리의 담임목회지가 아니고, 우린 몇 년 후에 떠나게 될 것이므로, 마음에 거리를 두었다. 친해져 봤자 어차피 또 헤어지고 바뀔 사람들이기 때문에, 그럼 내 마음이 너무 아프기 때문에 닫았던 것이다. 자의 반 타의 반으로 나는 그렇게 고립되었다.

  몸이 아닌 액세서리로 있으니 교회 일과 성도들의 일을 남 일 보듯 보는 것은 어쩌면 당연한 결과였을 것이다. 그 어떤 통증도 느껴지지 않으니. 그리고 나의 아픔 또한, 그들에게 전해지지 않았을 것이다.

  담임목사님의 철학에 개인적으로 동의할 수 없을 때 기본적인 십일조 외에 헌금도 내기 싫고 예배는 요식행위에 불과해진다. 공유된 목표가 없으면 마음 붙이기가 참 어렵다. 목사님이시니까 존중해 드릴 뿐 내 재정과 열정을 쏟고 싶지는 않다.

  그럴 땐 정말이지 '이곳은 내가 몸담고 예배드리는 교회'가 아니라 '여긴 남편의 직장일 뿐' 하는 마음으로 가치가 추락한다. 있는 동안 적당히 지내자 적당히. 헤르미온느의 망토를 꼭 부여잡는다.

  똑같이 심방을 해도 어떤 구역 식구들은 '사모님은 어떠십니까, 당신이 알고 싶습니다' 하는 태도로 말씀을 붙여 주시는 곳이 있고, 그저 목사님의 사모님으로만 대해주시는 곳도 있다.

'식사하고 가세요' 하는 느낌.

  관계의 횟수보다 밀도가 중요하다는 생각을 자주 한다.
  사모님들끼리만 따로 모여서 매주 구역예배를 드리는 곳이 있었다. 처음엔 너무 신선하고 좋았다. 그런데 솔직하게 나누면 그것이 오히려 뒷말 나올 주제가 되는 것을 보고 나는 다시 망토 앞섶을 꼭 여민 채, 누가 언제 들어도 별로 꼬투리 잡을 말이 없는 기도제목만을 나누었다. '남편의 좋은 담임목회지를 예비하시도록', '제가 남편을 잘 보필하는 사모가 되도록' 같은 것 말이다.

  만년 떠돌이였던 내가 소속감을 느끼게 된 건 의외로 작은 일에서 비롯되었다.
  우리 첫째를 굉장히 예뻐해 주시는 장로님이 계셨다. 마치 자신의 친손주인 양 품에 안고 아기 정수리의 꼬순내를 맡으며 행복해하셨다. 그러다 건강이 갑자기 악화되어 소천하셨다. 장로님의 장례식에서 얼마나 펑펑 울었는지 모른다. 집에 돌아와서도 한동안 눈물이 멈추지 않았다.

사람 마음에 들어가는 건 작은 계기로 시작된다.

한 날은 내가 든 가방의 장식이 너무 귀여워서 '대체 저 젊은 집사는 누구야? 왜 이렇게 귀여워?' 하고 주변에 수소문했더니 이목사 사모라더라 하며 다가온 권사님이 계셨다. 가방에 달린 작은 장식 때문에 권사님의 사랑을 듬뿍 받게 됐다. 사람 마음은 참 쉽기도 하고 어렵기도 하다.

이렇게, 아주 사소한 작은 계기로 만난 성도들과의 관계에서 나는 조금씩 조금씩 연결되어 갔다. 교회에서 그렇게 반갑게 맞아주는 어떤 사람의 존재. 헤르미온느의 망토가 벗겨지는 순간이었다.

한사람 한사람 개인의 됨됨이가 넓어지고 지경이 넓어지는 것도 중요하지만, '우리'가 서로 연결되고 함께 지어져 감이 얼마나 중요한 지 모른다.

맘 붙일 단 한 사람만 있어도 자살률을 낮출 수 있다고 한다.

자살이 정말로 슬픈 건, 그가 그 선택을 하기까지 의지할 곳이 아무도 없었다는 점에서 우리 사회의 단절된 모습을 아프게 드러내주기 때문이다.

진정한 소속감은 내가 그저 머무르는 곳에 있지 않고, 누군가의 일에 마음을 주고받을 때 시작된다. 그 연결이 나를 떠돌이에서 몸의 일부로 바꾸어 주었다.

나는 사람을 천천히 사귀는 편이다. 그렇다 보니 익숙해질 만하면 사역지가 바뀌고를 반복하며 참 많이 아팠다. 그래서 상처받지 않기 위해 더욱 떠돌게 되었다.

'네 마음의 성전은 어떻게 되어가느냐'는 질문에 이단에 몸담게 되었다는 어떤 청년의 고백은 사람 마음이 참 별것 아닌 것에도 빗장이 와르르 열린다는 걸 보여준다.
청년들이 헌신하고 섬기는 걸 당연하게 여기고, 못하면 질책할 뿐 '너 요즘 어떠니' 하고 물어봐주지 않은 교회가 깊이 반성해야 할 지점이기도 하다.

그래서 나는 우리 집 문을 나서면서부터 인사를 한다. 동네에 소속되고 교회에 소속되기 위해, 그리고 또 모르는 사이에 누군가에게 '안녕'을 주고 싶어서.

#내가 먼저 주고 싶어서 시작한 인사

#나를 지켜주었네

역경을 거꾸로 읽으면 경력이 된다
인생은 해석하기 나름

✦ ✦ ✦

　당신은 나랑 결혼해서 목사 사위라고 예쁨만 받고 살고 있으니 좋겠다고 푸념했다. 처가에 행사가 있는데 별말 없이 불참해도 '주말에는 우리 이서방은 안되지' 당연히 이해해 주시니 얼마나 좋으냐고. 나는 이 남자랑 결혼해서 매주 주일마다, 어쩌면 매일, 대가 지불을 하며 살고 있다고 생각했다.
　혼자서 자모실의 성난 암탉이 되어간 것도, 날짜가 지나 쩐내가 폴폴 나는 김을 정기구독하게 된 것도, 당신과 결혼하지 않았으면 벌어지지 않았을 일들이라고 여겼다.

　남편의 아내로 사는 이름표가 너무 버거워, 그 자리 덕분에 내가 빚어지고 있다는 걸 알지 못했다. 여기서는 이 춤을 저기서는 저 춤을 추느라 정신없다고만 느꼈다.

그런데 이상한 일이다. 시간을 되돌리고 또 되돌려도 남편과 다시 결혼할 것 같다. 스물여섯 그때로 다시 돌아간다면 나는 또, 이 길에 덜컥 발을 들여놓을 것 같다.

지금이 아무리 힘들다 한들, 과거의 어느 시절로 돌아가 다시 선택하고 싶은 지점이 없다. 사진 속 옛날 모습은 분명 더 갸름하고 젊었지만 지금 같은 느낌은 없는 것 같다. 나는 지금의 내가 더 좋다.

목사의 아내로 살면서 이 꼴 저 꼴 다 봐서 웬만한 설교는 귀에 차지도 않고 그런 점도 있었지만, 사람을 더 깊이 이해하게 되었다. 건강을 잃어도 봤고 깊고 우울한 터널을 지나왔기 때문에 다른 사람들의 아픔이 보이고 들리게 되었다.

그때는 매 순간 버겁게 느껴졌지만, 이제는 그 무게들이 나를 단련시킨 자양분이 되었다.

힘들었던 그 일들이 나를 자라게 했다.

정리수납사 자격증을 따고 싶어서 새벽마다 일어나 공부를 한 적이 있다. 그때 깨닫게 된 것은 특별히 덜어낸 살림이 없어도 어떻게 정리해 넣느냐에 따라 공간이 너무나 달라진다는 것이었다.

같은 일들도 내 마음속에 어떻게 저장하느냐에 따라 '고난과 역경이 있었지만 그것을 디뎌내고 보기 좋은 인생'이 될 수도, '뒤죽박죽 기구한 인생'이 될 수도 있겠구나 생각했다.

정리를 통해 남은 공간을 내가 원하는 대로 채워가는 것처럼, 인생의 고난도 내가 어떻게 받아들이느냐에 따라 달라질 수 있다.

우리는 모두 다양한 역경을 마주하며 살아가지만, 그 역경이 우리를 더 강하고 지혜롭게 만들기도 한다. 중요한 것은 그 어려움 속에서 무엇을 배우고 어떻게 성장하느냐에 달려있다. 이제는 더 이상 그 고통을 불평하기보다는, 그 안에 담긴 가르침을 깨달으며 나아가야겠다.

우리 인생의 여정은 선택과 해석의 연속이다. 어떻게 해석하느냐에 따라 고난은 오히려 우리의 경력이 되고, 덜어낼 것이 아닌 소중한 자산이 된다. 그러니 앞으로의 길도 힘들 때마다 그저 힘들다 느끼기보다는, 그 안에서 나를 더 나아지게 만드는 한 발짝임을 믿고, 기꺼이 받아들이기로 결심한다.

남편과 함께 살아가며 겪은 수많은 일들, 그리고 목사 사모로서의 여정은 분명 고단했지만, 나는 그로 인해 더 단단해졌고, 더 많은 이들을 이해하게 되었다. 이 모든 시간이 나를 만들어 왔고, 나는 지금의 나를 사랑한다.
이제는 이 모든 시간이 나를 빚어온 과정임을 감사히 여기며, 오늘의 나와 앞으로의 길을 기꺼이 사랑하기로 결심한다.

#계속 같이 가자, 오빠

에필로그

인생은 불꽃놀이

이 책이 나오기까지 남편의 지지와 격려가 가장 컸습니다.
제가 모든 것을 접고 의기소침해 있을 때에도 남편은 '당신에겐 재능이 있다'며 제 접어둔 날개에 빗질을 해주었죠.
내가 보지 못한 내 모습을 먼저 발견해 주어서 고마워, 여보. 당신은 내 소재 창고이자 뮤즈야. 사랑해.

당신을 만나서, 당신을 사랑한 죄로
힘든 일 투성이라고 생각했는데
당신이 아니었으면 내가 어떻게 이만큼 올 수 있었겠어.
당신이랑 살면서 마음에 들게 변한 모습이 더 많다는 걸 알게 되었어. 고마워. 우리 앞으로도 서로의 첫 번째 응원자이자 팔로워가 되어주자, 사랑해.

처음 브런치 작가가 되었을 때, 나보다 더 기뻐해 준 사랑스러운 두 아들들. 엄마 글 재밌다며 하트를 붙여주었을 때, 너희들이 밥 한 공기 다 먹은 것만큼 엄만 기뻤어. "엄마 글 너무 인생 쓴맛 아니야?" 물었을 때, "타긴 탔는데 마쉬멜로우를 구운 것처럼 맛있게 탔어"라고 대답해 준 큰아들, 그때 엄마 솔직히 감동받았다.

제가 사랑하는 가족들에게 받은 지지가 없었다면 이 글들이 세상에 나오기 어려웠을 겁니다. 그리고 제가 출간의 문을 두드리게 된 것도 저에게 용기를 준 브런치 구독자 여러분의 하트와 댓글에 담긴 소중한 지지였습니다. 묵묵히 하트를 붙여주신 브런치 스토리의 구독자들이 계셔서 제가 용기를 얻어 여기까지 올 수 있었습니다.

제 안에 흐르고 있는 이야기들 중 하나를 세상에 꺼내어 작품으로 빚어낼 수 있게 도움 주신 서민재 대표님께 감사드립니다.
너의 색깔은 무엇이니? 뵐 때마다 도전을 주시는 H사모님. 목사님과 사모님을 통해 앞으로 어떤 사역자가 되어야 할지 생각하게 됩니다. 진심으로 감사드립니다.
Q사모님, 사모님의 유쾌함은 산후우울증에 빠져 있던 제게

활력이 되었어요. "사모님은 내가 딱 봉게, 글을 써야뎌~" 꾸준히 해주셨던 격려들이 한 바가지의 물이 되어, 마침내 제가 콩나물이 된 것 같아요. 사모님과 함께 차 마시던 시간들이 너무나 사무치도록 그립습니다.

　지난 1년은 인생의 굴곡을 굽이굽이 지나온 시간이었습니다. 건강이 매우 악화되기도 했으며, 어머니의 별세라는 깊은 슬픔이 있었지요. 그 사이사이에 행복한 일도 펑펑 터졌고요.
　인생은 참 불꽃놀이 같습니다. 예상치 못한 빛과 색깔들이 어두운 하늘을 수놓을 때, 그 순간을 어떻게 바라볼지는 제 몫이었지요. 이미 시작된 불꽃놀이는 막을 수가 없고, 불꽃놀이를 소음으로만 느낄지, 아름답게 수놓아진 불꽃을 바라볼지는 전적으로 제 선택임을 배웠습니다. 이제 저는 소음과 재에도 눈살을 찌푸리지 않고, 그 안에 담긴 기쁨과 아픔을 함께 껴안으며 인생의 아름다움에 집중하려 합니다.

　이 책이 끝이 아니라 또 다른 불꽃놀이의 시작이라고 믿습니다. 어둠 속에서 터지는 아름다운 빛처럼, 우리 인생도 주님께서 빛으로 수놓아 주시리라 기대합니다.

이제까지 많은 분들을 만났습니다. 하나님은 우리의 만남을 통하여 일을 완성해 가십니다. 앞으로도 사역 현장에서 갖은 모양의 사람들을 만나게 되겠지요. 선하신 주님의 역사를 설레는 마음으로 기다립니다.

제 글을 알아봐 주시고 기꺼이 손 내밀어주신 김형원 과장님, 일로 만난 사이이지만 오랜 친구를 만난 것 같았습니다.
이렇게 소중한 인연을 통해 제 이야기를 나눌 수 있게 되어 정말 감사드립니다.

지금까지 저를 지켜보고 응원해 주신 모든 분들께 감사드립니다. 이 책이 끝이 아니라, 또 다른 불꽃놀이의 시작이 되기를 바랍니다. 어두운 밤하늘에 터지는 빛의 경이를 느끼듯, 우리의 만남과 이야기가 주님의 선하심으로 새로움을 수놓아 갈 것을 믿습니다.

그 많은 목사의 아내들은
다 어디로 갔을까?

1판 1쇄 발행   2025년 4월 10일

지 은 이 | 로다비
펴 낸 이 | 김진수
펴 낸 곳 | 한국문화사
등   록 | 제1994-9호
주   소 | 서울시 성동구 아차산로49, 404호(성수동1가, 서울숲코오롱디지털타워3차)
전   화 | 02-464-7708
팩   스 | 02-499-0846
이 메 일 | hkm7708@daum.net
홈페이지 | http://hph.co.kr

ISBN 979-11-6919-288-0 03810

· 이 책의 내용은 저작권법에 따라 보호받고 있습니다.
· 잘못된 책은 구매처에서 바꾸어 드립니다.
· 책값은 뒤표지에 있습니다.

오류를 발견하셨다면 이메일이나 홈페이지를 통해 제보해주세요.
소중한 의견을 모아 더 좋은 책을 만들겠습니다.